HEILIGE BERUFUNG

Die niederen und höheren Weihen
nach der überlieferten Form
in ihren Riten erklärt

P. Martin Ramm FSSP

Wigratzbad 2010

IMPRIMI POTEST	IMPRIMATUR
Friburgii Helvetiæ, die 1 Aprilis 2010	Ordinarius Episcopalis Curiensis
Rev.mus Dnus. P. du Fay, vic. gen. fssp	Curiæ, die 14 Aprilis 2010

Bildnachweis: Titelbild dpa / Die Fotos im Innenteil sind mit freundlicher Erlaubnis der Familienverlag GmbH Fulda dem Buch von Heinrich Kunkel, Priester des Herrn, Fulda 1954, entnommen.

**Helfen Sie mit, dieses Büchlein zu verbreiten!
Es kann auch in größerer Menge
kostenlos bezogen werden.**

Für Spenden zur Deckung unserer Druck- und Versandkosten sowie zur Förderung unseres Apostolates sind wir sehr dankbar. Unsere Spendenkonten stehen am Ende dieses Büchleins.

Informationen über Termine und weitere Schriften
im Dienst der Neuevangelisierung
finden sich im Internet unter www.introibo.net

Gerne senden wir Ihnen auch Informationen über unser sonstiges Programm:
- Ferienfreizeiten für Kinder, Jugendliche und Familien
- Wallfahrten
- Exerzitien im Geist des hl. Ignatius von Loyola

Kontakt- und Bestelladressen:

Haus Maria Königin
Ludretikonerstr. 3
CH-8800 Thalwil
0041-(0)44-772 39 33
p.ramm@fssp.ch

Haus St. Michael
Kapellenweg 5
D-88145 Opfenbach
0049-(0)8385-1625
post@fssp.eu

Haus St. Leopold
Kleine Neugasse 13/4
A-1050 Wien
0043-(0)1-5058341
biffart@fssp.org

INHALT

Einleitung	4
Das Weihesakrament	5
Empfänger der heiligen Weihen	11
Höhere und niedere Weihen	15
Die Berufung	19
Die Tonsur	23
Die Weihe zum Ostiarier	29
Die Weihe zum Lektor	33
Die Weihe zum Exorzisten	37
Die Weihe zum Akolythen	41
Die Weihe zum Subdiakon	45
Der Zölibat	51
Die Weihe zum Diakon	56
Die Weihe zum Priester	62
Die Weihe zum Bischof	71
Die priesterlichen Ämter	77
Gebet für die Priester	84

Einleitung

Seit den Tagen der Apostel ruft Jesus Menschen in seine besondere Nachfolge. Obwohl solch ein Anruf immer auch Loslösung und Verzicht bedeutet, wäre es trotzdem ganz falsch zu meinen, dass die Nachfolge Christi ein bitterer Weg sei. Ihr Lohn ist nämlich Jesus Christus selbst, wie dies der hl. Apostel Paulus schreibt: *„Ich erachtete ... alles für Unwert angesichts der alles übertreffenden Erkenntnis Christi Jesu, meines Herrn; um seinetwillen gab ich alles auf ..., um Christus zu gewinnen und in ihm mich zu finden." (Phil 3, 8 f.)*

Wer Gott liebt und sich von IHM gerufen weiß und wer die Schönheit eines Lebens für Gott kennt, sollte der nicht voll Freude bereit sein, diesem Ruf zu folgen?

Die gegenwärtige Krise der geistlichen Berufe ist nicht so sehr eine Krise der Zahlen. Nicht, dass in den Jahren seit dem II. Vaticanum über 100.000 Priester ihr Amt aufgegeben haben, nicht, dass in unseren Breiten viele Pfarreien nicht mehr besetzt sind und viele Priesterseminare leer stehen, nicht, dass viele Klöster schon seit Jahrzehnten keine Novizen mehr hatten und zu Aussterbeanstalten geworden sind, nicht das sind die eigentlichen Probleme. All das sind nur Symptome. Das wirkliche Problem besteht darin, dass bei vielen Christen die Liebe zum Herrn erkaltet und der Glaube verblasst ist. Möge dieses Büchlein helfen, dass das unschätzbare Geschenk des katholischen Priestertums neu erkannt und in vielen jungen Menschen die Bereitschaft geweckt wird, sich dem Anruf Jesu zu öffnen!

Das Weihesakrament

Unter den sieben Sakramenten nimmt das Weihesakrament gemeinsam mit der heiligsten Eucharistie den Ehrenplatz ein. Das heilige Messopfer und das Priestertum gehören nämlich untrennbar zusammen. Sie stehen in innigster Beziehung zueinander. Beide wurden zugleich am Gründonnerstag beim letzten Abendmahl eingesetzt, und beide bewirken eine ganz besondere Art der Gegenwart.

‣ Im heiligen Messopfer wird das Kreuzesopfer Jesu auf unblutige Weise gegenwärtig gesetzt, und in den verwandelten Gestalten von Brot und Wein ist Jesus Christus wahrhaft, wirklich und wesentlich als Gott und Mensch zugegen.

‣ Genau so real, nur auf andere Weise, geschieht im geweihten Priester in dem Moment, da er ein Sakrament spendet, die sakramentale Gegenwärtigsetzung des einen und einzigen Hohenpriesters Jesus Christus.

Gerade bei der heiligen Wandlung, wenn der Priester im Auftrag und in der Person Christi die heiligste aller Handlungen vollzieht, ist Jesus selbst zugleich der Opferpriester und die Opfergabe. Zum sichtbaren Zeichen seiner Gegenwart im Priester ergreifen im überlieferten Ritus die Ministranten während der Erhebung der heiligen Hostie den Saum des Messgewandes, wie es damals die Menschen taten, die Jesus baten, *„dass sie wenigstens den Saum seines Gewandes berühren dürften; und alle, die ihn berührten, wurden geheilt" (Mk 6,56).*

Beim Vollzug der Sakramente unterscheidet man zwischen dem eigentlichen sakramentalen Kern und einem Rahmen.

‣ Das Sakrament selbst besteht in den von Christus eingesetzten wirkmächtigen Zeichen. Es kommt zustande, wenn jemand, der die Vollmacht dazu hat, nach der Intention der Kirche und auf die richtige Weise die von Christus selbst bestimmte Handlung vollzieht. Drei Wesensmerkmale gehören zu jedem Sakrament, nämlich 1. das äußere Zeichen, 2. die innere Gnade und 3. die Einsetzung durch Jesus Christus.

‣ Zu einem schönen Bild gehört ein würdiger Rahmen. Deshalb hat die Kirche auch für die Sakramente einen solchen geschaffen. Dieser ‚Rahmen' besteht aus all den vielen altehrwürdigen Riten, die oft schon in frühester Zeit unter Aufsicht der Kirche entstanden sind und die Eingang in die liturgischen Bücher [*Missale*, *Rituale* und *Pontificale Romanum*] gefunden haben.

Diese Riten sind nicht nur auf die Sakramente hingeordnet, sondern sie haben auch eine gewisse Ähnlichkeit mit ihnen. Auch sie sind 1. äußere Zeichen, die 2. innere Gnaden bewirken. Der große Unterschied besteht jedoch darin, dass sie 3. nicht durch Jesus Christus eingesetzt wurden, sondern durch die Kirche. Um diese Ähnlichkeit anzudeuten und sie doch von den Sakramenten zu unterscheiden, nennt man sie *Sakramentalien* [vgl. KKK 1667].

Die sieben Sakramente

A Sakramente der Eingliederung

„Durch die Sakramente der christlichen Initiation erhält der Mensch das neue Leben in Christus." (KKK 1421)

Sie vereinigen uns innig mit Christus.

1. Taufe
2. Firmung
3. Eucharistie

B Sakramente der Heilung [vgl. KKK 1211]

Sie tilgen die Sünden und haben eine heilende Kraft.

4. Bußsakrament
5. Krankensalbung

C Standessakramente

„Sie sind auf das Heil der anderen hingeordnet ... und dienen dem Aufbau des Volkes Gottes." (KKK 1534)

6. Weihesakrament
7. Ehe

Auf diesem Hintergrund betrachten wir zunächst das Weihesakrament selbst, bevor wir uns dem ‚Rahmen' zuwenden und die einzelnen Weiheriten erklären.

Innerhalb der Ordnung der sieben Sakramente bezeichnet man die beiden letzten [Weihesakrament und Ehe] als *Standessakramente*. Anders als die ersten fünf Sakramente empfängt man diese nicht in erster Linie für sich selbst. Sie dienen nicht primär der persönlichen Heiligung, sondern stellen die Empfänger in den Dienst der Gemeinschaft. Wie die eheliche Liebe zur Weitergabe des natürlichen Lebens fruchtbar werden soll, so wird auch der Priester geweiht zu einer geistigen Vaterschaft, zur Weitergabe des übernatürlichen Lebens. Priester wird man nicht für sich selber, sondern zur Ehre Gottes, zum Heil der Seelen und zum Wohl der ganzen Kirche [*remédium totíus Ecclésiæ*].

Das Sakrament des *Ordo* umfasst drei selbständige Weihestufen, nämlich *Episkopat*, *Presbyterat* und *Diakonat* [vgl. CIC, can 1009]. Von allen dreien wird später ausführlicher die Rede sein.

Über die Einsetzung des Weihesakramentes beim letzten Abendmahl sagt das Konzil von Trient: *„Er brachte Gott dem Vater seinen Leib und sein Blut unter den Gestalten von Brot und Wein dar, reichte ihn den Aposteln, die er damals zu Priestern des Neuen Bundes bestellte, unter denselben Zeichen zum Genuss und befahl ihnen und ihren Nachfolgern im Priestertum, dieses Opfer darzubringen mit den Worten: Tut dies zu meinem Gedächtnis." (Neuner-Roos, Nr. 597)*

Mit diesem Auftrag war zugleich die Vollmacht verbunden, das heilige Messopfer darzubringen und das Priestertum weiterzugeben bis ans Ende der Zeit.

Das äußere Zeichen des Weihesakramentes ist die Handauflegung durch den Bischof, die durch die zentralen Worte der Weihepräfation näher bestimmt wird. Die wesentliche Wirkung ist die in der Handauflegung ausgedrückte Mitteilung des Heiligen Geistes zur Übertragung der priesterlichen Gewalt.

Bildlich gesprochen kann man die Wirkung des Weihesakramentes vergleichen mit drei Schritten beim Bau eines Hauses:

‣ Zuerst wird das Fundament gelegt: Die Weihe vermehrt im Empfänger die heiligmachende Gnade.

‣ Dann wird das Haus errichtet: Die Weihe zeichnet die Empfänger *„durch die Salbung des Heiligen Geistes mit einem besonderen Prägemal und macht sie auf diese Weise dem Priester Christus gleichförmig, so dass sie in der Person des Hauptes Christus handeln können." (II. Vat., Presbyterorum Ordinis, Nr. 2)* Dieses priesterliche Prägemal [*karácter indelébilis*] ist nicht nur symbolisch zu verstehen, sondern als *„besonderes ontologisches Band" (Direktorium für Dienst und Leben der Priester, 31.01.1994, Nr. 2)*, welches den Geweihten wirklich in seinem Sein verändert. Wie schon das Siegel von Taufe und Firmung, so ist auch das priesterliche Prägemal unauslöschlich und unverlierbar, weshalb das Weihesakrament weder wiederholt noch auf Zeit gespendet werden kann [vgl. KKK 1582].

‣ Schließlich wird das Haus eingerichtet: Außer der priesterlichen Gewalt empfängt der Geweihte besondere Standesgnaden, die ihn befähigen, sein Amt getreu und würdig auszuüben: *„Ut sit idóneus Christi minister. - Auf dass er ein brauchbarer Diener Christi sei." (Decretum pro Armenis, DS 1326; vgl. Thomas von Aquin, Summa theologica, Suppl. 35,1)* Der Priester erhält ein Anrecht auf alle helfenden Gnaden, die ihm je nötig sein werden, um in allen Prüfungen zu bestehen und die standesgemäße Vollkommenheit zu erlangen.

Empfänger der heiligen Weihen

Es ist eine allgemein bekannte und viel diskutierte Tatsache, dass nur Männer gültig das Weihesakrament empfangen können. Gewöhnlich wird in solchen Diskussionen sehr schnell deutlich, dass man vom katholischen Priestertum recht wenig Ahnung hat. Man ereifert sich über Dinge, die man eigentlich gar nicht versteht. Deshalb mag es nützlich sein, ein wenig die Hintergründe zu beleuchten.

Im Kirchenrecht heißt es unmissverständlich: *„Die heilige Weihe empfängt gültig nur ein getaufter Mann." (CIC, can 1024).* Damit ist deutlich gesagt, dass es um eine Frage der *Gültigkeit* geht und nicht nur um die *Erlaubtheit*. Würden alle Riten einer Diakonats- oder Priesterweihe an einer Frau vollzogen, dann wäre dies nicht nur *unerlaubt*, sondern *ungültig*, d. h. sie hätten keinerlei Wirkung.

Die kirchlichen Dokumenten, die sich mit dieser Frage befassen, nennen dafür vor allem drei Gründe.

‣ Der erste Grund ist das *Vorbild Jesu Christi*, der dieses Sakrament eingesetzt und nur Männer zu Aposteln und zu Trägern seines Priestertums bestimmt hat. Daran weiß sich die Kirche gebunden, denn: *„Die Taten Christi sind für die Kirche Gebot." (hl. Gregor der Große, Hom. in Ev. 1,17,1)* Gegen den Willen Christi aber ist es nicht möglich, ein Sakrament gültig zu spenden. Ebenso verhält es sich übrigens mit allen Sakramenten. Die Taufe beispielsweise kann nur mit Wasser gespendet werden. Mit Milch gespendet, wäre sie nicht gültig. Damit ist die Milch aber keineswegs ‚diskriminiert', und sie ist auch nicht weniger wert als Wasser, aber sie ist eben doch anders. Gültige Materie für die Eucharistie sind nur Brot und Wein, nicht aber Äpfel. Warum? - Weil Jesus es so eingesetzt hat!

‣ Der zweite Grund ist die *beständige Praxis der Kirche*, die in ununterbrochener Kontinuität stets die lebendige Verbindung zu ihrer Quelle bewahrt hat. Was in der Kirche überall, immer und von allen festgehalten und geübt wurde, kann nicht aufgrund emanzipatorischer Anwandlungen geändert werden. Dazu hat die Kirche keine Befugnis.

‣ Der dritte Grund ist die *beständige Lehre der Kirche*. Die Kirche nämlich, die ja nicht Herrin, sondern Dienerin der Wahrheit ist, hat immer gelehrt, dass das Männern vorbehaltene Priesteramt in Übereinstimmung mit Gottes Plan für seine Kirche steht [vgl. KKK 1577].

Papst Johannes Paul II. hat dies in einer Erklärung zusammengefasst, die an Klarheit nichts zu wünschen übrig lässt: *„Obwohl die Lehre über die nur Männern vorbehaltene Priesterweihe sowohl von der beständigen und umfassenden Überlieferung der Kirche bewahrt als auch vom Lehramt in den Dokumenten der jüngeren Vergangenheit mit Beständigkeit gelehrt worden ist, hält man sie in unserer Zeit dennoch verschiedenenorts für diskutierbar, oder man schreibt der Entscheidung der Kirche, Frauen nicht zu dieser Weihe zu-*

zulassen, lediglich eine disziplinäre Bedeutung zu. Damit also jeder Zweifel bezüglich der bedeutenden Angelegenheit, die die göttliche Verfassung der Kirche selbst betrifft, beseitigt wird, erkläre ich kraft meines Amtes, die Brüder zu stärken, dass die Kirche keinerlei Vollmacht hat, Frauen die Priesterweihe zu spenden, und dass sich alle Gläubigen der Kirche endgültig an diese Entscheidung zu halten haben." (Apostolisches Schreiben über die nur Männern vorbehaltene Priesterweihe, 22. Mai 1994, Nr. 4)

Ein besonderer theologischer Aspekt verdient es, noch eigens erwähnt zu werden. Er hängt zusammen mit der Zeichenhaftigkeit der Sakramente. Die von Jesus Christus zum äußeren Zeichen eines Sakramentes gewählte Materie hat nämlich immer eine *natürliche Eignung*, das zu bezeichnen, was das Sakrament bewirkt. Die Materie der Taufe beispielsweise ist nicht umsonst Wasser, denn Wasser ist natürlicherweise geeignet, durch seine reinigende Kraft die Befreiung von der Erbschuld darzustellen. Ganz ähnlich verhält es sich mit dem Priestertum. Das Mannsein gehört wesentlich zur Zeichenhaftigkeit dieses Sakramentes, denn als Mann hat der Priester die erforderliche natürliche Eignung, Christus sowohl als Mann als auch als Haupt zu repräsentieren [vgl. KKK 1548, Thomas von Aquin, Summa theologica, Suppl 39,1]. Damit sind Frauen keineswegs ‚diskriminiert'. Sie sind nicht weniger wert oder von geringerer Würde als Männer, aber sie sind ganz einfach anders.

Dieses Anderssein ist auch für die Ehe wichtig, denn gerade in ihrer Unterschiedlichkeit ergänzen sich Mann und Frau gegenseitig. So können sie im Ehesakrament in völliger Gleichwertigkeit, aber bedeutsamer ‚Andersheit' die Liebe Christi zu seiner Kirche darstellen [vgl. Eph 5, 22-33].

Wenn Jesus eine Frau zum Priestertum hätte weihen wollen, wäre dies ganz sicher und vor allen anderen die Gottesmutter Maria gewesen. Obgleich nicht Priester, übertrifft sie an Würde alle übrigen Geschöpfe. Gerade so wird deutlich, dass der Ausschluss der Frauen vom Priestertum keine Abwertung der Frau bedeutet.

Höhere und niedere Weihen

Während also die eigentlichen sakramentalen ‚Kernhandlungen' von Jesus Christus selbst bestimmt wurden und deshalb nicht verändert werden können, hat den liturgischen Rahmen zur Spendung der Sakramente die Kirche geschaffen.

Im Laufe der Liturgiegeschichte hat es immer wieder rituelle Entwicklungen gegeben, die zeitgebunden und vorübergehend waren. Unter dem Einfluss und der Leitung des Heiligen Geistes haben sich aber bestimmte Riten als besonders wertvoll herauskristallisiert. Sie sind von zeitloser Schönheit und Aussagekraft und haben in hohem Maß die Identität der Kirche geprägt. Sie werden als kostbarer Schatz von der Kirche gehütet, und obwohl viele solcher altehrwürdigen Riten seit uralter Zeit nahezu unverändert beibehalten wurden, sind sie keineswegs ‚verstaubt' oder ‚antiquiert'. In ihnen lebt vielmehr der Geist der Kirche. Sie garantieren die Kontinuität der Tradition und wirken bis heute befruchtend auf das kirchliche Leben.

Wenn wir vom *römischen Ritus* sprechen, meinen wir nicht nur die heilige Messe, sondern auch die Liturgie der übrigen Sakramente, wie sie im *Rituale* und *Pontificale Romanum* überliefert ist, sowie das *Offizium*.

Schon bei einem oberflächlichen Vergleich der sakramentalen Riten stechen zwei Sakramente ganz deutlich hervor. Während nämlich die Riten zur Taufe, Firmung, Beichte, Krankensalbung und Ehe relativ kompakt sind, ist es bei den Sakramenten der Eucharistie und der Weihe anders. Der ‚Rahmen' des Altarsakramentes erstreckt sich auf das ganze Kirchenjahr und füllt ein dickes Buch, das *Missale Romanum*.

Was aber ist der ‚Rahmen' des Weihesakramentes? Weil das Weihesakrament in sich drei Stufen umfasst, gehören dazu zunächst alle Riten der *Diakonatsweihe*, der *Priesterweihe* und der *Bischofsweihe*.

Neben diesen drei Weihestufen gibt es aber auch noch die Subdiakonatsweihe und die sogenannten niederen Weihen. Diese sind in frühkirchlicher Zeit entstanden und werden bereits von Papst Cornelius [251-253] vollständig aufgezählt. Ursprünglich waren sie als eigenständige Ämter mit konkreten Aufgaben verbunden. Als später deren praktische Bedeutung aufgrund geänderter Zeitumstände immer mehr in den Hintergrund trat oder teilweise ganz weggefallen ist, hat die Kirche dennoch diese Weihestufen beibehalten, und dies nicht nur aus pädagogischer Klugheit, sondern vor allem auch wegen ihres hohen spirituellen Wertes. Sie sollten weiterhin gleichsam als Vorhalle zum eigentlichen Weihesakrament dienen, indem sie die Weihekandidaten auf ihrem Weg begleiten, ihnen helfende Gnaden vermitteln und sie Schritt für Schritt auf den Empfang des Weihesakramentes vorbereiten. Während sie durch die niederen Weihen mit den Anforderungen des Priestertums vertraut gemacht und zum Einleben in die priesterliche Spiritualität angeleitet wurden, stiegen sie empor zur Höhe des Altares.

Wer ernsthaft entschlossen war, den Weg zum Priestertum zu gehen und seine Berufung von der Kirche prüfen zu lassen, empfing zunächst die *Tonsur*, die selber noch keine der niederen Weihen, sondern das Eingangstor zu ihnen ist.

Die *niederen* Weihestufen sind
1) Ostiarier
2) Lektor
3) Exorzist
4) Akolyth

Die *höheren* Weihestufen sind
1) Subdiakon
2) Diakon
3) Priester
4) Bischof

Die Liturgiekonstitution ‚*Sacrosanctum Concilium*' des II. Vaticanums vom 4. Dezember 1963 hat in Nr. 76 bestimmt, *„die Liturgie für die Erteilung der Weihen"* solle nach *„Ritus und Text"* überarbeitet werden. Ausdrücklich wurde es erlaubt, die Ansprachen des Bischofs zu Beginn der einzelnen Weihen in der Muttersprache zu halten. Die Weihestufen selber aber wurden vom Konzil keineswegs in Frage gestellt. Vielmehr sei an die in Nr. 23 der Liturgiekonstitution aufgestellte allgemeine Regel erinnert, die besagt: *„Es sollen keine Neuerungen eingeführt werden, es sei denn, ein wirklicher und sicher zu erhoffender Nutzen der Kirche verlange es."*

Ob man in der Zeit nach dem Konzil diese Mahnung zur Behutsamkeit überhört hat? Es ist jedenfalls schwer nachvollziehbar, weshalb mit dem Dekret Papst Pauls VI. *‚Ministeria quædam'* vom 15. August 1972 die über Jahrhunderte bestehende Ordnung der niederen Weihen abgeschafft wurde. Nur das Lektorat und das Akolythat blieben in Form von *Beauftragungen* bestehen, die aber von ihrem ursprünglichen Charakter leider nicht mehr viel erkennen lassen.

Um so dankbarer ist die Priesterbruderschaft St. Petrus, dass ihr das Festhalten an den niederen Weihen durch ein Dekret der Päpstlichen Kommission *‚Ecclesia Dei'* vom 10. September 1988 ausdrücklich gestattet wurde.

„Der Ritus der heiligen Weihen, in denen die Kirche die von Gott Berufenen Stufe um Stufe zur Höhe des Priestertums emporführt, zählt zu den ehrwürdigsten Denkmälern der kirchlichen Liturgie. Aus seinen gedankentiefen Unterweisungen und Ermahnungen, seinen sinnbildlichen Handlungen und innigen Gebeten spricht der lebendige Glaube der Kirche an die göttliche Größe ihres Priestertums. Es wird darin aber auch ihre wache Sorge und mütterliche Liebe spürbar, mit der sie das Werden ihrer Priester unter dem Wirken des Heiligen Geistes begleitet." (Bernardin Goebel, Auf sieben Stufen zum Altar, Regensburg 1962, S. 11)

Die Berufung

Jede einzelne Weihestufe beginnt mit dem Ruf: *„Accédant qui ordinándi sunt! - Es mögen hinzutreten, die geweiht werden sollen!"* Danach werden alle Weihekandidaten einzeln mit Namen und Herkunft genannt, wie auch Jesus die Apostel namentlich berufen hat [vgl. Lk 6, 13-16]. Auf diesen Ruf hin gibt jeder Einzelne klar und deutlich vor der Kirche und vor der versammelten Gemeinde seine Antwort: *„Adsum! - Hier bin ich! Ich bin bereit!"*

In jeder Berufung unterscheidet man eine *subjektive* und eine *objektive* Seite. Sie beginnt damit, dass einem jungen Mann der Gedanke kommt, von Gott zur besonderen Nachfolge gerufen zu sein. Wohl mag diese erste Ahnung in seinem Inneren zu einer subjektiven Überzeugung reifen, aber ein ‚Recht', Priester zu werden, hat er damit nicht: *„Niemand hat ein Recht darauf, das Sakrament der Weihe zu empfangen ... Wie jede Gnade kann auch dieses Sakrament nur als ein unverdientes Geschenk empfangen werden."* (KKK 1578)

Wer also Anzeichen einer Berufung in sich wahrzunehmen meint, *„muss seinen Wunsch demütig der Autorität der Kirche unterbreiten"* (KKK 1578), indem er sich um Aufnahme in ein Priesterseminar bewirbt. Dort wird er sich selbst weiter prüfen und auch von den kirchlichen Oberen geprüft werden, während er sich zugleich um eine Vertiefung seines geistlichen Lebens und um das Studium der theologischen Wissenschaften bemüht.

Eine passende liturgische Begleitung findet das spirituelle und geistige Reifen des angehenden Priesters in den niederen Weihen. Vor jeder Weihe haben die kirchlichen Oberen zu urteilen und eine Zulassung auszusprechen, eingedenk der Mahnung des hl. Apostels Paulus an Timotheus: *„Lege niemand voreilig die Hände auf!" (1 Tim 5, 22)* Auch der Weihekandidat muss sich von Stufe zu Stufe neu entscheiden.

Es ist pädagogisch klug, dass weder der Ruf noch die Antwort von Anfang an einen endgültigen Charakter haben. Vielmehr soll auf beiden Seiten Schritt für Schritt die Gewissheit reifen, dass wirklich Gott es ist, der ruft. Jeder Geweihte soll einmal mit dem hl. Apostel Paulus sagen können: *„Er hat uns gerettet und uns gerufen in heiliger Berufung, nicht auf Grund unserer Werke, sondern nach seinem Ratschluss und seiner Gnade." (2 Tim 1, 9)*

Für den angehenden Priester ist dies gleichsam die Zeit seiner *Verlobung*, die der eigentlichen *Hochzeit*, nämlich der definitiven Vermählung mit der Kirche als Braut Christi im Weihesakrament vorausgeht.

Über die Zulassung zu den Weihen sagt das Kirchenrecht: *„Weihen sind nur jenen zu erteilen, die nach dem klugen Urteil des eigenen Bischofs bzw. des zuständigen höheren Oberen bei umfassender Würdigung einen ungeschmälerten Glauben haben, von der rechten Absicht geleitet sind, über die erforderlichen Kenntnisse verfügen, sich guter Wertschätzung erfreuen, über einen untadeligen Lebenswandel und erwiesene*

Charakterstärke sowie über andere der zu empfangenden Weihe entsprechende physische und psychische Eigenschaften verfügen." (CIC, can 1029) In ihnen soll eine Leidenschaft für die Ehre Gottes und Eifer für das Heil der Seelen sein. Sie brauchen Ausdauer und Liebe zum Gebet, zur heiligen Messe und zum Studium. Sie müssen bereit sein zu Gehorsam und Opfer.

Nach einer bewährten Regel soll jeder, der sich zum Priestertum bewirbt, grundsätzlich auch geeignet sein, Familienvater zu werden, denn charakterlich muss der Priester über ganz ähnliche Eigenschaften verfügen wie der christliche Ehemann.

Wenn nun ein Kandidat in demütiger Gesinnung für seine Oberen betet, der Heilige Geist möge sie erleuchten, und wenn er sich dann ihrem Urteil unterwirft, darf er sicher sein, im *„Accédant"* der Kirche den Ruf Gottes zu hören: *„Nicht ihr habt mich erwählt, sondern ich habe euch erwählt und euch bestellt, dass ihr hingeht und Frucht bringt und eure Frucht bleibe." (Joh 15, 16)*

Wie schon beim reichen Jüngling [vgl. Mt 19, 21] ergeht der Ruf zur besonderen Nachfolge nicht in der Form eines *Befehles*, sondern als *Einladung*. Gott achtet unsere Freiheit. Wenn er ruft, sollen wir nicht taub sein. Die menschliche Freiheit ist herausgefordert, der ehrenvollen Einladung großherzig zu folgen. Obwohl der Weg der Nachfolge Christi immer vom Kreuz gezeichnet ist, führt er doch den Berufenen mit Sicherheit zu höchster Erfüllung und Freude.

Das schlichte *Adsum*, mit dem der Gerufene antwortet, hat ein sehr hohes Gewicht. In der Heiligen Schrift erklingt es aus dem Mund des Abraham: *„Gott stellte den Abraham auf die Probe. Er rief ihn: ‚Abraham!' Dieser antwortete: ‚Adsum! - Hier bin ich!'" (Gen 22, 1)* Das *Adsum* des Abraham beinhaltet die uneingeschränkte Bereitschaft, Gott zu dienen und ihm selbst sein Liebstes nicht vorzuenthalten [vgl. Hebr 11, 17-19].

Der Weihekandidat soll sich auf jeder Weihestufe neu die Frage stellen, ob er nicht nur dasselbe Wort wie Abraham gebraucht, sondern sich auch um dessen edle Gesinnung bemüht.

Schließlich ist es ein schöner Gedanke, dass auch Jesus Christus mit einem *Adsum* sowohl in die Welt eingetreten ist, als auch sie verlassen hat. Sein erstes *Adsum* gilt dem Vater im Himmel: *„Siehe, ich komme, deinen Willen zu vollbringen." (Hebr 10, 9)* Sein zweites *Adsum* gilt den Menschen. Es ist ganz deutlich enthalten in den letzten Worten, die Jesus sprach, als er, die Jünger segnend, in den Himmel aufgefahren ist: *„Seht, ich bin bei euch alle Tage bis ans Ende der Welt." (Mt 28, 20)*

„Ich hörte die Stimme des Herrn, der da sprach: ‚Wen soll ich senden, wer wird für uns gehen?' Und ich erwiderte: ‚Hier bin ich, sende mich!'" (Is 6, 8)

Die Tonsur

Der Begriff *Tonsur* kommt vom lateinischen Wort *tóndere* [= *scheren*], denn als äußeres Zeichen werden dem Empfänger mit einer Schere einige Haare seines Hauptes abgeschnitten.

Die Tonsur hat eine gewisse Nähe zur Taufe, denn ähnlich wie die Taufe einen Menschen zum Christen macht und ihm den Zugang zu den übrigen Sakramenten eröffnet, war die Tonsur die feierliche Einführung in den geistlichen Stand. Durch sie wurde man *Kleriker*. Sie war das Eingangstor zum Empfang der heiligen Weihen.

Zwar wird heute das eigentliche Klerikat im Sinne des Kirchenrechts erst durch die Diakonatsweihe erlangt [vgl. CIC, can 266 § 1], doch ist das, was die Kirche einst mit der Erteilung der Tonsur ausdrücken wollte, noch immer aktuell. Zur Vorbereitung auf den Empfang der heiligen Weihen ist sie von bleibendem spirituellem und pädagogischem Wert.

Der Ritus der Tonsur beginnt gewöhnlich nach dem Introitus der hl. Messe, indem die Kandidaten namentlich aufgerufen werden.

Nachdem sie ihr *Adsum* gesprochen haben, treten sie vor den Bischof, wobei sie in ihrer rechten Hand eine brennende Kerze tragen. Diese Kerze symbolisiert die Hingabe, denn um zu leuchten, muss sie bren-  nen und sich selbst verzehren. Sie will dem Gottgeweihten sagen, dass auch er sich verzehren soll im Eifer für den Herrn [vgl. Joh 2, 17]. Später, bei der Opferung, wird sie zum ‚Kerzenopfer' in feierlicher Prozession vor den Altar getragen und als Zeichen der Hingabe an Christus in die Hand des Bischofs übergeben.

Nachdem alle vor dem Bischof niedergekniet sind, spricht er über sie ein Segensgebet. Er bittet Christus, dass diejenigen, die nun *„aus Liebe zu ihm ihr Haupthaar ablegen"*, vom Heiligen Geist erfüllt den *„hábitus religiónis"* in Ewigkeit bewahren. Sie mögen geschützt sein vor allen Hindernissen, die die Welt ihnen in den Weg legt, und ihre Herzen mögen frei sein von irdischen Begierden. Wie ihr Äußeres sich durch das geistliche Kleid verwandelt, so sollen sie auch innerlich in der Tugend wachsen und vor aller Blindheit des Geistes bewahrt werden, um einst zum ewigen Licht zu gelangen. - Was könnte man einem angehenden Priester Besseres wünschen?

Das Wort *hábitus religiónis* hat hier einen doppelten Sinn:

‣ Zunächst bedeutet es die *Tugend* [= *hábitus bonus*] *der Gottesverehrung*, die in ihnen wachsen und stets lebendig bleiben soll.

‣ Ebenso heißt *hábitus* aber auch *Gewand* und bedeutet hier *das geistliche Kleid*, welches der Anwärter auf das Priestertum von nun an würdig tragen soll zum Bekenntnis seiner besonderen Zugehörigkeit zu Christus und als Schutz priesterlichen Geistes in einer gottfremden Welt.

Bei der Taufe gibt die Kirche erst nach dreimaliger Absage an den Fürsten dieser Welt den Weg zum Taufbrunnen frei. Eine ähnliche Absage geschieht auch hier, denn es ist nicht möglich, in die im Weihesakrament geforderte innigste Liebesgemeinschaft mit Christus einzutreten, ohne zuvor ausdrücklich dem Geist der Welt zu entsagen [vgl. 1 Joh 2, 15].

Zur eigentlichen Tonsur ergreift der Bischof eine Schere und schneidet jedem einzelnen Kandidaten einige Haare in Kreuzesform ab, indem er ihm den folgenden Psalmvers zur Wiederholung vorspricht: *„Der Herr ist der Anteil meines Erbes und meines Kelches. Du bist es, der mir zurückstellen wird mein Erbe." (Ps 15, 5 Vulgata)*

Um den Sinn dieses Verses zu verstehen, ist es nötig, einen Blick ins Alte Testament zu werfen. Beim Auszug der Israeliten aus Ägypten mussten alle Erstgeborenen sterben [Ex 11, 4 f.]. Nur die Kinder Israels blieben durch das Blut des Paschalammes, welches an die Pfosten ihrer Türen gestrichen wurde, verschont. Zur

Erinnerung daran hat Gott durch Moses befohlen, dass die Kinder Israels ihm künftig jede männliche Erstgeburt vom Menschen und vom Vieh weihen sollten [Ex 13, 2-15]. Zur Erfüllung dieser Weihe wurde dann beim Bundesschluss am Berg Sinai aus den zwölf Stämmen Israels der Stamm Levi ausgesondert, denn so sprach Gott: *„Siehe, ich selbst habe die Leviten aus den Israeliten herausgenommen statt aller israelitischen Erstgeburt, die den Mutterschoß durchbricht, damit sie mir gehören." (Num 3, 12 vgl. Num 8, 14)* Alle priesterlichen Funktionen sollten fortan an den Stamm Levi gebunden sein, und bei der Aufteilung des gelobten Landes erhielten die Leviten, anders als die übrigen Stämme, keinen Erbbesitz, denn *„das Priestertum des Herrn ist ja ihr Erbbesitz" (Jos 18, 7; vgl. Dt 10, 9)*. Aus dem griechischen Wort *kleros* [= *Los / Erbteil*] wurde das Wort *Klerus*. Der Kleriker steht also in der Nachfolge der alttestamentlichen Leviten. Er soll das Irdische gering achten, weil er den Herrn selbst zum Erbteil erwählt hat [vgl. Phil 3, 7].

Danach betet der Bischof: *„Verleihe, wir bitten Dich, allmächtiger Gott, dass diese Deine Diener, deren Haupthaar wir heute um der göttlichen Liebe willen abgeschnitten haben, in Deiner Liebe beständig verharren, und bewahre Du sie unbefleckt in Ewigkeit."*

Im folgenden Psalm 24 ist vor allem der dritte Vers bedeutsam, denn für die Tonsurierten wird ja nun mit den niederen Weihen der Aufstieg zum Altar beginnen. Auf die Frage: *„Wer darf hinaufsteigen zum Berg des*

Herrn ...?", mahnt der Psalmist zu sittlicher Vollkommenheit, indem er antwortet: *"Wer schuldlose Hände hat und ein reines Herz, wer sein Begehren nicht auf Böses richtet und keinen Meineid schwört. Dieser wird Segen vom Herrn empfangen und Barmherzigkeit vom Gott seines Heiles."*

Nach einem Segensgebet folgt die *Einkleidung*. Der Chorrock, welchen der Bischof bei der Tonsur überreicht, erinnert an die Taufe, denn er ist weiß wie das Taufkleid. Zur Taufe sprach der Priester: *"Empfange das weiße Kleid und bringe es makellos vor den Richterstuhl unseres Herrn Jesus Christus, auf dass du das ewige Leben habest."*
Zur Einkleidung spricht der Bischof: *"Es bekleide dich der Herr mit dem neuen Menschen, der nach Gott geschaffen ist in Gerechtigkeit und wahrer Heiligkeit."* [vgl. Eph 4, 22-24]

Dieser Kontext erinnert auch an das Wort des hl. Paulus im Brief an die Kolosser: *"Wurdet ihr also auferweckt mit Christus, so sucht, was droben ist, wo Christus ist, sitzend zur Rechten Gottes! Was droben ist, habt im Sinn, nicht das auf Erden! Denn gestorben seid ihr, und euer Leben ist mit Christus verbor-*

gen in Gott. ... So ertötet denn, was an euren Gliedern noch irdisch ist: Unzucht, Unlauterkeit, Leidenschaft, böse Begierde und die Habsucht, ... die ihr den alten Menschen samt seinen Werken ausgezogen habt und angezogen den neuen, den man in seiner Erneuerung wiedererkennen soll nach dem Bilde dessen, der ihn schuf." (Kol 3, 1-10)

Sooft der Eingekleidete künftig den Chorrock anlegt, mag dieser ihm seine Botschaft wiederholen: *„Richte dein Leben so ein, dass du wahrhaft den Herrn besitzt und der Herr dich." (hl. Hieronymus, Ep 52, 5)*

Noch einmal spricht der Bischof ein Segensgebet, Gott möge seine Diener *„reinigen von aller Dienstbarkeit weltlichen Gehabens"*, damit sie durch seine Gnade das ewige Erbteil zu erlangen verdienen. Mit einer abschließenden Mahnung zum Eifer, um *„durch ehrbare Haltung und durch gute Sitten und Werke Gott zu gefallen"*, endet die Tonsur.

„Der Priester muss vor allem durch sein Verhalten erkennbar sein, aber auch durch seine Bekleidung, so dass jedem ... Menschen seine Identität und seine Zugehörigkeit zu Gott und zur Kirche unmittelbar erkenntlich ist. Aus diesem Grund muss der Kleriker ... eine schickliche kirchliche Kleidung tragen. Dies bedeutet, dass diese Bekleidung, falls sie nicht der Talar ist, verschieden von der Art der Kleidung der Laien zu sein hat und konform der Würde und Sakralität des Amtes."
(Direktorium für Dienst und Leben der Priester, 31.01.1994, Nr. 66)

Die Weihe zum Ostiarier

Der Begriff *Ostiarier* kommt vom lateinischen Wort *óstia* [= *die Pforte*] und bedeutet zu deutsch *Türhüter*. In den kirchlichen Dokumenten wird dieses Amt erstmals vom Papst Cornelius im Jahr 251 erwähnt, aber eingeführt wurde es vermutlich bereits von Papst Fabian [236-250]. Ähnliche Dienste wie einst der Ostiarier verrichtet heute der *Küster* [von *custos* = *Wächter*] oder *Messner* [von *mansionárius* = *Hauswart*].

Nachdem die Weihekandidaten ihr *Adsum* gesprochen haben und mit der brennenden Kerze in der Hand vor dem Bischof niedergekniet sind, beginnt der Weiheritus mit einer Unterweisung über die Pflichten der Ostiarier: *„Da ihr, geliebte Söhne, das Amt der Ostiarier übernehmen wollt, so seht, was ihr im Haus Gottes zu verrichten habt."*

Vordergründig nennt der Bischof drei Aufgaben, nämlich die Glocken zu läuten, Kirche und Sakristei zu öffnen und dem Prediger das Buch aufzuschlagen, verbunden mit der Mahnung, Sorge zu tragen, dass nicht durch *„Nachlässigkeit etwas von den Sachen, die innerhalb der Kirche sind, zugrunde gehe"*.

Hinter diesen praktischen Aufgaben verbirgt sich ein tieferer spiritueller Sinn. Letztlich geht es ganz grundlegend um die Ehrfurcht vor dem Heiligen, die den Weihekandidaten von Anfang an in Fleisch und Blut übergehen und die ihren heiligen Dienst ein ganzes Priesterleben lang prägen soll.

Ihr erster Dienst gilt dem Gotteshaus. Aus der Ehrfurcht vor Gott erwächst wie von selbst die Ehrfurcht vor dem Ort seiner besonderen Nähe. Dem Haus Gottes geziemt Ordnung und Sauberkeit und würdiges Benehmen [vgl. Mt 21, 13]. Das Verhalten des Geweihten soll zugleich Ehrfurcht bekunden und Ehrfurcht wecken.

In der Aufforderung des Bischofs, das Gotteshaus den Gläubigen zu öffnen, den Ungläubigen aber stets zu verschließen, klingt etwas an von der frühchristlichen *Arkandisziplin* [von *arcánum* = geheim]. Hinter diesem Begriff verbirgt sich die Sorge, das den Christen Heilige vor der Verunehrung durch die Heiden zu schützen, gemäß dem Wort des Herrn: *„Gebt das Heilige nicht den Hunden und werft eure Perlen nicht vor die Schweine, damit sie sie nicht zertreten unter ihren Füßen." (Mt 7, 6)* Nur demjenigen sollten die Geheimnisse des Glaubens anvertraut und der Zutritt zum Heiligtum gewährt werden, der mit offenem Herzen und ehrfürchtig die Wahrheit sucht.

Was aber dem Ostiarier zum Dienst an den sichtbaren Gotteshäusern aufgetragen wird, ist zugleich Bild für einen anderen, geistigen Ostiarierdienst: *„Seid sorgsam darauf bedacht, dass ihr, gleich wie ihr mit materiellen Schlüsseln die sichtbare Kirche öffnet und schließt, so auch Gottes unsichtbaren Tempel, nämlich die Seelen der Gläubigen, durch euer Wort und Beispiel dem Teufel verschließt und sie öffnet für Gott, damit sie die göttlichen Worte, die sie hören, im Herzen bewahren und im Werk erfüllen."*

Mit diesen Worten wird dem Ostiarier eindrücklich vermittelt, was *Seelsorge* bedeutet, denn Priester wird man nicht für sich selbst, sondern Gott zur Ehre und zum Dienst an den Seelen, die auch Gottes Tempel sind. Gott hat nämlich die Menschen erschaffen, um in ihnen zu sein [vgl. Joh 14, 23] und sie selig zu machen. So sagt der hl. Apostel Paulus: *„Wisst ihr nicht, dass euer Leib ein Tempel des Heiligen Geistes ist, der in euch wohnt? Ihn habt ihr von Gott, und nicht euch selber gehört ihr. Denn ihr wurdet erkauft um einen Preis. So verherrlicht denn Gott in eurem Leib!" (1 Kor 6, 19 f.)* Wie traurig ist es, wenn ein Mensch das Bild Gottes in sich zerstört, den Altar entweiht und den Tempel seines Herzens zu einer Räuberhöhle macht! Der Ostiarier soll den Seelen stets mit großer Ehrfurcht begegnen und sich im Namen seines Herrn um sie sorgen.

Nach der einleitenden Ermahnung folgt die eigentliche Weihe. Als Sinnbild der Übergabe des Amtes reicht der Bischof jedem Einzelnen den Kirchenschlüssel zur Berührung, indem er sagt: *„Handelt als solche, die Gott Rechenschaft geben müssen für das, was durch diese Schlüssel verwahrt wird."* Der Schlüssel erinnert an die adventliche Liturgie, die Jesus selbst als *Schlüssel Davids* bezeichnet, der die Menschen befreit aus dem Kerker der Finsternis und ihnen das Paradies öffnet.

Danach werden die Weihekandidaten zur Kirchentür geführt, um diese mit dem Schlüssel einmal zu schließen und zu öffnen. Auch die Tür erinnert an Jesus, denn er hat gesagt: *„Ich bin die Tür. Wenn einer durch mich hineingeht, wird er Heil erfahren." (Joh 10, 9)* Diese Tür soll der Ostiarier den Menschen öffnen.

Schließlich läuten sie noch die Glocke, die den Anruf der Gnade an den Menschen symbolisiert.

Zum Bischof zurückgekehrt, endet die Weihe mit zwei Segensgebeten über die Neugeweihten, auf dass sie ihren Dienst treu verrichten *„und unter Deinen Auserwählten an Deiner Belohnung Anteil zu haben verdienen".*

„Wie viele einst konsekrierte Gottestempel sind heute profaniert, entweiht und verwüstet! Das Ewige Licht ausgelöscht, der Altar zertrümmert, die Mauern vielleicht bis auf die Fundamente zerstört. Der Geist der Finsternis haust darin. Als Ostiarier sollen wir den Heiligen Geist einlassen, zusammen mit ihm den Schutt aufräumen, die Mauern wieder hochführen, den Altar wieder aufrichten, das Ewige Licht wieder anzünden."

<small>(Bernardin Goebel, Auf sieben Stufen zum Altar, Regensburg 1962, S. 49)</small>

Die Weihe zum Lektor

Das Wort *Lektor* kommt vom lateinischen *légere* [= *lesen*] und bedeutet *Vorleser*. Die Lektorenweihe ist ganz gleich aufgebaut wie die Weihe zum Ostiarier. Nach dem *Accédant* und dem *Adsum* treten die Kandidaten mit ihrer Kerze vor den Bischof, um zunächst eine Unterweisung über die Pflichten der Lektoren zu hören: *„Ausgewählt, geliebte Söhne, um Vorleser im Haus unseres Gottes zu sein, lernt euer Amt kennen und erfüllt es."*

Ihre Aufgabe ist es, in amtlicher Vollmacht die liturgischen Lesungen vorzutragen und im Namen der Kirche Brot und Früchte zu segnen. Hier wird wieder deutlich, wie die niederen Weihen die Empfänger Schritt für Schritt mit den priesterlichen Pflichten vertraut machen. Seit der *Tonsur* tragen sie das geistliche Kleid, das sie mahnt, dem Weltgeist zu entsagen und in der Tugend zu wachsen. Die Weihe zum *Ostiarier* will in ihnen den Seeleneifer wecken, indem ihnen die amtliche Sorge um ein würdiges Gotteshaus zum Vorbild für die Seelsorge anvertraut wird. Hier nun erhalten sie einen ersten Anteil an der priesterlichen Sendung, das Wort Gottes zu verkünden und zu segnen. Indem sie die Speisen segnen und - gleich wie der Priester - ein Kreuz darüber zeichnen, sollen sie sich schon jetzt an das Segnen gewöhnen.

Beide Aufgaben dienen auf ihre Weise zur Ernährung der Menschen, denn wie das Brot und die Früchte den Leib nähren, so soll durch den Dienst des Lektors das Wort Gottes den Gläubigen gereicht werden zur Nahrung für ihre Seelen, denn: *"Nicht vom Brot allein lebt der Mensch, sondern von jedem Wort, das hervorgeht aus dem Munde Gottes." (Mt 4, 4)*

Seit dem großen Missionsbefehl vor der Himmelfahrt Jesu werden immer wieder neue Gottesboten bestellt, die hinausgehen in alle Welt, um das Evangelium zu verkünden aller Kreatur [vgl. Mk 16, 15]. Durch sie fährt der göttliche Sämann fort, seinen Samen zu säen, *"das Wort Gottes" (Lk 8, 11)*, das vom Beginn der Kirche an immer wieder wunderbare Fruchtbarkeit bewiesen hat: *"Das Wort Gottes breitete sich weiter aus, und die Zahl der Jünger wuchs mehr und mehr ..." (Apg 6, 7)*

Dem in der Liturgie gefeierten Wort Gottes gebührt höchste Ehrfurcht, denn neben der heiligsten Eucharistie ist es der kostbarste Schatz der Kirche. Es ist nicht toter Buchstabe, sondern: *"Lebendig ist das Wort Gottes, wirksam und schärfer als jedes doppelt geschliffene Schwert; es dringt durch bis zur Trennung von Seele und Geist, von Gelenk und Mark, und ist Richter über Gedanken und Regungen des Herzens." (Hebr 4, 12)* Zum ehrfürchtigen Umgang mit dem Wort Gottes werden die Lektoren ausdrücklich ermahnt: *"Bemüht euch, die Worte Gottes, nämlich die heiligen Lesungen, deutlich und vernehmlich zum Verständnis und zur Erbauung der Gläubigen und ohne jede lügenhafte Verfälschung vorzutragen, damit nicht die Wahrheit der göttlichen Lesungen durch eure Nachlässigkeit für die Unterweisung der Zuhörer verdorben werde."*

Und dann folgt ein wunderbarer Satz: *"Was ihr mit dem Munde lest, sollt ihr mit dem Herzen glauben und im Werk erfüllen, damit ihr eure Zuhörer zugleich durch euer Wort und durch euer Beispiel unterweist."*

Manche Menschen sind wie Blinde, die die Sonne nicht sehen. Doch obwohl sie sie nicht sehen, spüren sie doch ihre Wärme. Das mag den Lektor ermutigen, wo immer er auf taube Ohren stößt; denn selbst wenn sie nicht hören wollen, mögen sie doch die geheimnisvolle Kraft spüren, die von einem Menschen ausgeht, der selbst vom Wort Gottes ergriffen ist. Niemals aber soll auf ihn das Wort Jesu zutreffen, das er einst als traurige Warnung über die Schriftgelehrten und Pharisäer sprach: *"Tut und haltet alles, was sie euch sagen, nach ihren Werken aber richtet euch nicht; denn sie reden zwar, tun es aber nicht." (Mt 23, 3)* Vielmehr sei auch ihnen die Sorge des hl. Apostels Paulus ins Herz geschrieben, der sagt: *"Ich züchtige meinen Leib und mache ihn gefügig, damit ich nicht etwa, indes ich anderen predige, selber die Probe nicht bestehe." (1 Kor 9, 27)*

Der erhöhte Ort, von dem aus die Lesungen vorgetragen werden, fordert die Lektoren heraus, auch innerlich hoch zu stehen: *"Während ihr lest und an einem erhöhten Ort der Kirche steht, auf dass ihr von allen gehört und gesehen werdet"*, soll eure körperliche Stellung andeuten, *"dass ihr auf einer hohen Stufe der Tugend wandeln müsst, um allen, von denen ihr gesehen und gehört werdet, ein Bild des himmlischen Lebens vor Augen zu stellen."*

Nach diesen Belehrungen wird die Weihe erteilt, indem der Bischof den Kandidaten das Buch der Lesungen zur Berührung reicht: *„Nehmet hin, und seid Überlieferer des Wortes Gottes, indem ihr, wenn ihr euer Amt treu und nützlich erfüllt, einst teilhaben werdet am Lohn derer, die Gottes Wort gut verwaltet haben vom Anfang an."*

Danach knien alle nieder, und der Bischof betet zu Gott, dem allmächtigen Vater, *„dass er über diese seine Diener, die er zum Amte der Lektoren anzunehmen sich würdigt, seinen Segen gnädig ausgieße"*, damit sie der Kirche *„durch das Beispiel ihrer Heiligkeit dienen"*.

„Bevor der Apostel seine Zunge sprechen lässt, muss er selbst seine dürstende Seele zu Gott erheben, um dann überfließen zu lassen, was er getrunken, um andern mitzuteilen, wovon er selbst erfüllt ist."
(hl. Augustinus, De doctrina christiana, IV, 32)

Die Weihe zum Exorzisten

Das Wort *Exorzismus* kommt aus dem Griechischen. Man versteht darunter einen im Namen Gottes an den Teufel gerichteten Befehl, einen Menschen oder einen Gegenstand zu verlassen und nicht zu schaden.

Den Exorzistendienst gab es in der frühen Kirche als ein eigenständiges Amt. Wenn auch die Kirche später das Recht, Exorzismen vorzunehmen, stark eingeschränkt hat, so hat sie doch die Exorzistenweihe als Vorstufe zum Priestertum beibehalten. Der Exorzist erhält Anteil an der priesterlichen Gewalt, das Böse zu bannen. Sie wird verliehen als *potéstas ligáta,* d. h. als eine zwar reale, aber *gebundene Gewalt*. Um sie auszuüben, bedarf es einer besonderen und ausdrücklichen Erlaubnis des Ortsbischofs, die nach geltendem Kirchenrecht nur Priestern erteilt wird [vgl. CIC, can 1172].

Die Belehrung zu Anfang der Weihe beginnt mit den Worten: *„Da ihr, geliebte Söhne, zum Amt der Exorzisten geweiht werden sollt, müsst ihr kennen, was ihr übernehmt."* Die wichtigste Aufgabe der Exorzisten ist es, die bösen Geister zu bannen: *„Ihr empfangt die Gewalt, den Besessenen die Hände aufzulegen. Durch die Auflegung eurer Hände werden kraft der Gnade des Heiligen Geistes und der Worte der Beschwörung die unreinen Geister aus den Besessenen vertrieben."*

In einer Zeit, in der sogar manche Christen den Teufel leugnen und andererseits der Satanismus in erschreckendem Ausmaß ständig neue Blüten treibt, ist es wichtig, sich daran zu erinnern, dass sowohl die Existenz des Satans als auch einer ewigen Hölle sicheres katholisches Glaubensgut ist: *„Die Lehre der Kirche sagt, dass es eine Hölle gibt und dass sie ewig dauert. Die Seelen derer, die im Stand der Todsünde sterben, kommen sogleich nach dem Tod in die Unterwelt, wo sie die Qualen der Hölle erleiden, das ewige Feuer. Die schlimmste Pein der Hölle besteht in der ewigen Trennung von Gott, in dem allein der Mensch das Leben und das Glück finden kann, für die er erschaffen worden ist und nach denen er sich sehnt."* [KKK 1035; siehe auch KKK 391]

Im Leben Jesu spielt der Kampf gegen die Mächte der Finsternis von Anfang an eine wichtige Rolle, denn *„dazu erschien der Sohn Gottes, dass er die Werke des Teufels vernichte."* (1 Joh 3, 8) Diesen Kampf wollte er fortsetzen in seiner Kirche, indem er zwölf Apostel erwählte und ihnen die Vollmacht gab, wie er *„durch den Finger Gottes"* (Lk 11, 20) die Dämonen auszutreiben [vgl. Mk 3, 14 f.].

Genau diese Vollmacht wird fortgepflanzt in den heiligen Weihen. Dem Ostiarier wurde gesagt, er solle die Seelen *„durch Wort und Beispiel dem Teufel verschließen",* der Lektor erhielt als Waffe das Wort Gottes [vgl. Hebr 4, 12] und dem Exorzisten wird die Macht gegeben, den bösen Geistern gebieterisch entgegenzutreten.

Das Wort des hl. Apostels Paulus von der *„Vollrüstung Gottes"* gilt für alle, die antreten wollen zum geistigen Kampf *„gegen die Mächte, gegen die Gewalten,* *gegen die Weltherrscher dieser Finsternis, gegen die Geister des Bösen im Reich der Himmel" [vgl. Eph 6, 11-17].* Deshalb sagt das Kirchenrecht, dass die Erlaubnis zum Exorzismus nur solchen zu geben sei, die sich auszeichnen *„durch Frömmigkeit, Wissen, Klugheit und untadeligen Lebenswandel" (CIC, can 1172 § 2).*

Neben den ‚äußeren' Exorzistendienst tritt darum ein ‚innerer', denn die empfangene amtliche Macht bedeutet immer auch eine persönliche Aufgabe. Selbst wenn der eigentliche Exorzismus nicht ausgeführt werden kann, so bleibt doch der im Weiheritus genannte innere Kampf gegen den Teufel besonders für den Priester ein ganzes Leben lang aktuell: *„Bestrebt euch daher, dass gleichwie ihr aus den Leibern anderer die Teufel austreibt, ihr ebenso aus euren Herzen und Leibern alle Unreinheit und Bosheit entfernt, damit ihr nicht jenen unterliegt, die ihr aus anderen durch euren Dienst verscheucht. Lernt durch euer Amt die Laster beherrschen, damit der Feind in euren Sitten nichts ihm Gehöriges findet. Dann nämlich werdet ihr recht in anderen über die Teufel gebieten, wenn ihr zuvor in euch deren vielfältige Bosheit überwindet."*

Die Spendung der niederen Weihen ist nicht nur deshalb sinnvoll, weil sie an solch wichtige Dinge eindrücklich erinnern. Sie erheben nicht nur einen hohen Anspruch, sondern vermitteln darüber hinaus den Weihekandidaten durch das Gebet der Kirche auch besondere helfende Gnaden: *„Dies zu vollbringen verleihe euch der Herr durch seinen Heiligen Geist."*

Hier steht übrigens zum ersten Mal in der Weiheliturgie die Mahnung zu einem keuschen Leben. Sie wird in den folgenden Weihen immer eindringlicher.

Äußeres Zeichen dieser Weihe ist die Überreichung des Rituale, in dem die Exorzismen aufgezeichnet sind.

In den abschließenden Segensgebeten nennt der Bischof die Neugeweihten *„spirituáles imperatóres"* und *„probábiles médici Ecclésiæ".* Gott möge sie segnen, auf dass sie *„geistige Herrscher"* über die Mächte der Finsternis und *„taugliche Ärzte"* für die Kirche seien.

Die Weihe zum Akolythen

Die Akolythenweihe ist die höchste der vier niederen Weihen. Sie unterscheidet sich von den drei vorhergehenden durch eine deutlich erhöhte Feierlichkeit. Auf dem Weg empor zum Altar markiert sie einen wichtigen Schritt. Es ist die erste Weihestufe, die in unmittelbarer Beziehung zum eucharistischen Opfer steht. Am Altar sollen die Akolythen die Lichter entzünden, zum Evangelium die Leuchter tragen und zur Opferung Wasser und Wein bringen *„zur Verwandlung in das Blut Christi".* Heute verrichten diese Dienste stellvertretend für die Akolythen gewöhnlich die Ministranten.

Der Begriff *Akolyth* kommt aus dem Griechischen und bedeutet *Begleiter.* Vordergründig begleitet der Akolyth den Priester beim eucharistischen Opfer und bei der Spendung der Sakramente. Letztlich aber geht es um die *Nachfolge Christi.* Wo immer man im Evangelium aus dem Mund Jesu das Wort hört *„Folge mir nach!",* da steht im griechischen Urtext *‚akolythein'* [beispielsweise bei Mt 9, 9 oder Mk 10, 21].

Die anfängliche Unterweisung mahnt die Weihekandidaten, wohl zu erwägen, was sie empfangen wollen, und ihr Amt *digne*, d. h. würdig und mit heiliger Ehrfurcht zu verwalten, denn der Dienst am Altar ist groß und ehrenvoll.

Wenn sie aber in nächster Nähe mitwirken beim eucharistischen Opfer, dann soll der äußeren Nähe auch eine innere Nähe zum Herrn entsprechen, der gesagt hat: *„Ich bin das Licht der Welt; wer mir nachfolgt [!], wandelt nicht in der Finsternis." (Joh 8, 12)* Deshalb mahnt der Bischof: *„Ihr werdet Gott nicht gefallen können, wenn ihr, während ihr Gott das Licht mit den Händen vortraget, mit euren Werken der Finsternis dient, und dadurch anderen ein Beispiel der Treulosigkeit gebt."*

Sodann werden folgende Stellen aus der Heiligen Schrift zitiert, die der Akolyth aufmerksam betrachten soll, damit die *„Frucht des Lichtes"* in ihm sei *„in jeglicher Gerechtigkeit, Güte und Wahrheit" (Eph 5, 9)*:

- *„Es leuchte euer Licht vor den Menschen, damit sie eure guten Werke sehen und euren Vater preisen, der im Himmel ist." (Mt 5, 16)*

- *„Tut alles ohne Murren und Widerstreben, dass ihr ohne Tadel und Makel seid, Gotteskinder ohne Schuld und Fehl inmitten eines bösen und verkehrten Geschlechtes, unter denen ihr leuchtet wie Sterne im Weltall." (Phil 2, 14 f.)*

- *„Eure Lenden sollen umgürtet sein, und eure Lampen sollen brennen." (Lk 12, 35)*

- *„Die Nacht ist vorgerückt, der Tag hat sich genaht. So lasst uns denn ablegen die Werke der Finsternis und anlegen die Waffen des Lichtes!" (Röm 13, 12)*

- *„Ihr wart ehedem Finsternis, nun aber seid ihr Licht im Herrn; wandelt als Kinder des Lichtes." (Eph 5, 8)*

Ihren Höhepunkt erreicht die Unterweisung im Schlusssatz: *„Seid daher eifrig ..., damit ihr euch selbst und die Kirche Gottes erleuchtet. Dann nämlich werdet ihr im göttlichen Opfer würdig Wein und Wasser darreichen, wenn ihr euch selbst durch ein keusches Leben und gute Werke Gott als Opfer werdet dargebracht haben, was euch der Herr verleihen wolle durch seine Barmherzigkeit."*

Hier wird ganz deutlich eine Brücke geschlagen zu den höheren Weihen. Die Forderung nach einem keuschen Leben, die in der Exorzistenweihe bereits angeklungen ist, ist begründet in einer inneren Entsprechung zum Opfer Christi. Der Akolyth muss hierzu klar Stellung nehmen. So wird der Weg bereitet, um dann auf der nächsten Stufe im Subdiakonat ausdrücklich den Schritt zum Zölibat zu tun.

Erteilt wird die Weihe durch Berührung einer Kerze und der leeren Messkännchen. Besonders die Kerze spricht deutlich vom Opfer, denn wie sie sich verzehrt, um zu leuchten, so fordert der Dienst am Licht auch vom Akolythen nicht weniger als die Hingabe und das Opfer seiner selbst [vgl. Lk 14, 26 f.].

In vier feierlichen Segensgebeten ruft der Bischof die Gnade Gottes auf die Neugeweihten herab.

Im letzten dieser Gebete heißt es: *„Allmächtiger, ewiger Gott, Quell des Lichtes und Ursprung alles Guten, der Du durch Jesus Christus Deinen Sohn, das wahre Licht, die Welt erleuchtet hast, würdige Dich, diese Deine Diener zu segnen, die wir zum Amte der Akolythen weihen, indem wir Deine Milde anflehen, dass Du ihren Geist mit dem Licht der Wissenschaft erleuchten und mit dem Tau Deiner Güte befruchten wollest, damit sie das empfangene Amt unter Deinem Beistand so verwalten, dass sie zur ewigen Belohnung zu gelangen verdienen."*

„Die Teilnahme am Opfer Christi fordert von jedem Mitopfernden das liebebeseelte Opfer seiner selbst, das ernste Streben nach Gleichförmigkeit mit Christus im Alltagsleben mit seinen Kämpfen und Schwierigkeiten. Und je enger die Teilnahme am eucharistischen Opfer, umso dringlicher die Forderung des Selbstopfers!"
(Bernardin Goebel, Auf sieben Stufen zum Altar, Regensburg 1962, S. 78)

Die Weihe zum Subdiakon

Die Weihe zum Subdiakon ist die erste der höheren Weihen. Sie ist jedoch noch nicht Bestandteil des Weihesakramentes, sondern hat eine ähnliche Bedeutung wie vor der Eheschließung das Verlöbnis. Dieses ‚Verlöbnis' signalisiert klare Entschiedenheit und eröffnet die letzte wichtige Etappe vor der endgültigen Bindung. Sichtbar ausgedrückt wird dieses ‚Verlöbnis' durch einen symbolischen Schritt nach vorn.

Mit Schultertuch, Albe und Zingulum bekleidet und mit einer brennenden Kerze in der Hand, treten die Kandidaten vor den Bischof, der sie eindringlich ermahnt: *„Ihr müsst wieder und wieder aufmerksam erwägen, nach welcher Bürde ihr heute aus freiem Willen verlangt. Denn noch seid ihr frei und es ist euch erlaubt, zum weltlichen Stand zurückzukehren."* Mit dem Empfang der Subdiakonatsweihe aber werden sie sich binden, um auf immer Gott zu dienen, *„dem zu dienen herrschen ist"*.

Ursprünglich wurde mit der Subdiakonatsweihe feierlich die Verpflichtung zur gottgeweihten Ehelosigkeit [*Zölibat*] übernommen. Deshalb sagt der Bischof weiter: *„Die Keuschheit müsst ihr mit seiner Hilfe bewahren und dem Dienst der Kirche immer geweiht bleiben."* Zwar beginnt nach dem heute geltenden kirchlichen Recht die Verpflichtung zum Zölibat erst mit der Diakonatsweihe [CIC, can 1037], doch bereitet es keine Schwierigkeiten, trotzdem am ‚Verlöbnis' der Subdiakonatsweihe festzuhalten. Der Verlobte weiß sich moralisch bereits gebunden und sehnt den Tag der Vermählung herbei. Für den angehenden Priester beginnt nun gleichsam die letzte Etappe, um sich noch bewusster und ernsthafter auf seine definitive Ganzhingabe und auf die endgültige Vermählung mit der Braut Christi am Weihealtar vorzubereiten.

Nun folgt die Aufforderung zum symbolischen Schritt: *„Überlegt, da es noch Zeit ist. Wollt ihr aber in dem heiligen Entschluss beharren, so tretet im Namen des Herrn hier heran."* Jetzt machen die Weihekandidaten zum Zeichen ihrer Entschlossenheit einen Schritt nach vorn.

Danach legen sich die Weihekandidaten flach auf den Boden, während die Allerheiligenlitanei gesungen wird. Dieses Liegen ist ein sehr eindrückliches Zeichen der Ganzhingabe und zugleich Ausdruck einer demütigen Seelenhaltung, die sich der Gottgeweihte stets bewahren muss. Man sagt mit Recht, der Hochmut komme vor dem Fall. Ebenso wahr ist es aber auch, dass nichts so sicher vor dem Fall schützt, wie echte Demut. Von ihrer Demut her erschließt sich übrigens auch das Geheimnis der Erwählung der Gottesmutter Maria, denn sie selber sagt im *Magnificat*: *„Respéxit humilitátem ancíllæ suæ. - Auf die Demut seiner Magd hat er geschaut."* *(Lk 1, 48)*

In der Allerheiligenlitanei richtet die Kirche einen Gebetssturm zum Himmel, in dem sie die Heiligen um ihre Fürsprache für die Weihekandidaten bittet. An die gewohnten Fürbitten der Litanei werden dann drei feierliche Segnungen angehängt, zu denen der Bischof sich erhebt und über die am Boden Liegenden in dreifacher Steigerung spricht: *„Dass Du, diese Auserwählten segnen* ✠*, heiligen* ✠ *und weihen* ✠ *wollest."* Das Wort *consecráre* [= *weihen*] besagt eine Aussonderung, durch die eine Person oder Sache dem profanen Bereich enthoben und in den ausschließlichen Dienst Gottes gestellt wird. Der heilige Dienst verlangt nach geheiligten Dienern. Später, im Weihesakrament, wird ihre Seele konsekriert werden. Ihr wird das unauslöschliche Siegel höchster Christusförmigkeit eingeprägt, das sie umwandeln wird zum Abbild des ewigen Hohenpriesters Jesus Christus.

Nach der Litanei folgt eine Belehrung über die Pflichten des Subdiakons. Die äußere materielle Seite seines Dienstes gilt zunächst dem Altar, der gedeutet wird als Symbol für Christus: *„Der Altar der heiligen Kirche ist nämlich Christus selbst."* Außerdem hat er die geweihten Linnen zu waschen [Kelchtuch und Korporale], die in unmittelbare Berühung mit den eucharistischen Gestalten kommen. Nach altem Brauch werden diese, bevor sie in die eigentliche Wäsche kommen, vom Subdiakon - oder in Ermangelung eines ‚richtigen' Subdiakons vom Priester selbst - von Hand in klarem Wasser gewaschen, welches dann in das *Sacrarium* hinter dem Hochaltar oder zumindest in die Erde gegossen wird. Die Sorge um einen gepflegten und ordentlichen Altar und ein sauberes würdiges Gotteshaus, die ihm in seiner Subdiakonatsweihe ans Herz gelegt wurde, soll zeitlebens für jeden Priester Ausdruck seiner Liebe zum Herrn sein.

Wie bei den niederen Weihen, so steht auch hier die äußere Verrichtung als Bild für einen inneren Dienst: *"Bestrebt euch, indem ihr diese sichtbaren Dienste ... reinlich und sorgfältig verrichtet, auch ihre unsichtbare Bedeutung in eurem Wandel zu erfüllen."* Wie der Altar Sinnbild für Christus ist, so bedeuten die heiligen Tücher die Gläubigen. Zum heiligen Opfer sollen auch sie würdig und rein sein: *"Sollte es daher geschehen, dass die Gläubigen aus menschlicher Gebrechlichkeit in etwas sich beflecken, so habt ihr darzureichen das Wasser der himmlischen Lehre, wodurch gereinigt, sie zur Zierde des Altares und zum Dienste des göttlichen Opfers zurückkehren können."*

Aus der Nähe zum eucharistischen Opfer erwächst dem Subdiakon ein hoher moralischer Anspruch: *"Seid daher so beschaffen, dass ihr den göttlichen Opfern und der Kirche Gottes ... würdig zu dienen vermöget, im wahren katholischen Glauben fest begründet."* Besonders nahegelegt wird ihnen heiliger Eifer, Wachsamkeit, Nüchternheit und Keuschheit.

Es folgt die Übergabe der heiligen Geräte. Der Bischof reicht den Weihekandidaten den leeren Kelch und die Patene, sowie die Kännchen mit Wasser und

Wein zur Berührung, wozu er spricht: *"Seht, wessen Dienst euch anvertraut wird! Deshalb ermahne ich euch, dass ihr euch darin so verhaltet, dass ihr Gott gefallen könnt."*

Im anschließenden Gebet ruft er den Segen und die Gnade Gottes über sie herab: *"Damit sie, vor seinem Angesicht treu dienend, die den Heiligen bestimmte Belohnung erlangen mögen."* Auf ihnen soll ruhen *"der Geist der Weisheit und des Verstandes, der Geist des Rates und der Stärke, der Geist der*

Wissenschaft und der Frömmigkeit" und erfüllt mögen sie werden *"mit dem Geist Deiner Furcht"*, auf dass sie gefestigt seien im göttlichen Dienst.

Jetzt werden die heiligen Gewänder übergeben. Das Schultertuch wird zur Subdiakonatsweihe wie eine Kapuze über der Albe getragen, damit der Bischof es dem vor ihm Knienden gleich einem Helm über das Haupt ziehen kann, wozu er spricht: *"Empfange das Schultertuch, durch das die Bezähmung im Reden angedeutet wird."* Danach reicht er ihm den Manipel und die

Tunika, die das eigentliche liturgische Gewand des Subdiakons ist: *„Mit dem Gewand des Frohsinns und dem Kleid der Freude bekleide dich der Herr."*

Zuletzt reicht er allen das Lektionar, damit sie es mit der rechten Hand berühren:  *„Nehmet hin das Epistelbuch, und habet die Gewalt, die Epistel in der Kirche vorzulesen, sowohl für die Lebenden, als auch für die Verstorbenen. Im Namen des Vaters und des Sohnes und des Heiligen Geistes. Amen."*

So endet die Subdiakonatsweihe und die Neugeweihten gehen auf ihre Plätze. Nur einer bleibt am Altar, um feierlich die Lesung zu singen.

„In jenem Entschluss schenken wir, wie der hl. Bonaventura sich bildlich ausdrückt, Christus nicht bloß für eine bestimmte Zeit die Früchte eines Baumes; wir geben ihm den Baum selbst mit allen Früchten, die er je tragen mag, für immer zu eigen ... Die ‚Fessel', die wir nach reiflicher Überlegung uns selbst angelegt haben, bindet uns nur nach oben, nach Gott hin; sie bewahrt uns vor dem Abgleiten nach unten. Sie führt uns zur ‚beseligenden Freiheit und Herrlichkeit der Kinder Gottes' (Röm 8, 21)." (Bernardin Goebel, Auf sieben Stufen zum Altar, Regensburg 1962, S. 85 f.)

Der Zölibat

Über den priesterlichen Zölibat wird gern und häufig diskutiert. Sein tiefer Sinn und sein hoher Wert wird aber von vielen nicht verstanden, denn er erschließt sich nur dem gläubigen Blick, und zwar von innen her. Die Kirche selbst betrachtet ihn als hohe Gabe, die sie empfangen hat und unbedingt bewahren will. Die offiziellen kirchlichen Texte bezeugen deutlich, dass jede Mutmaßung über eine Abschaffung des Zölibates ganz und gar aus der Luft gegriffen ist: *„Überzeugt von tiefen theologischen und pastoralen Gründen, welche die Beziehung zwischen Priestertum und Zölibat unterstützen ..., hat die Kirche beim II. Vatikanischen Konzil und wiederholt bei späteren päpstlichen Lehraussagen den festen Willen bekräftigt, das Gesetz beizubehalten, das von den Priesterkandidaten im lateinischen Ritus den frei gewählten und dauernden Zölibat verlangt." (Kongregation für den Klerus, Direktorium für Dienst und Leben der Priester, 31. Januar 1994, Nr. 57; vgl. Pastores dabo vobis, Nr. 29; PO 16)*

Der Zölibat gehört zwar nicht notwendig zum Wesen des Priestertums, ist ihm aber in vielfacher Hinsicht höchst angemessen. Er besteht in der gottgeweihten Ehelosigkeit um des Himmelreiches willen und in vollkommener und dauernder Enthaltsamkeit: *„Es gibt Ehelose, die um des Himmelreiches willen sich der Ehe enthalten. Wer es fassen kann, der fasse es!" (Mt 19, 12)*

Gegen den Zölibat wird manchmal argumentiert, eine vollständige lebenslange Enthaltsamkeit sei gar nicht möglich. Mit der Gnade Gottes aber ist sie ebenso gut möglich, wie eheliche Treue möglich ist. Mancher meint, in jungen Jahren könne man eine Entscheidung von solcher Tragweite noch nicht treffen. Genau dasselbe würde aber auch für die Ehe gelten. Nicht umsonst lässt die Kirche mit großer pädagogischer Klugheit dem Empfang des Weihesakramentes eine mehrjährige Zeit intensiver Vorbereitung vorausgehen, in welcher sie die Weihekandidaten Schritt für Schritt mit der priesterlichen Lebensweise vertraut macht.

Manchmal wird behauptet, der Zölibat sei Schuld an der Krise vieler Priester. In Wirklichkeit ist aber nicht der Zölibat die Ursache der Krise. Jeder Zölibatskrise geht eine Glaubens- und Identitätskrise voraus. Der Zölibat ist vielmehr Indikator für die innere Gesundheit der Priesterschaft. In Zeiten kirchlicher Blüte war er niemals ein Problem. Und wer meint, in Zeiten der Krise zur Abschaffung des Zölibates raten zu müssen, ist ebenso naiv wie jemand, der Fieber heilen will, indem er den Thermometer zerbricht.

Ob man aber nicht durch eine Lockerung des Zölibats dem Priestermangel abhelfen könnte? Auch dieses Argument ist unschwer zu entkräften, denn um zu zeigen, dass dadurch nichts besser würde, sondern im Gegenteil nur neue Probleme entstünden, können wir von den Erfahrungen der protestantischen Glaubensgemeinschaften profitieren. Sie kennen ja bekanntlich den Zölibat nicht, befinden sich aber in Bezug auf Nachwuchs zu kirchlichen Diensten keineswegs in einer besseren Lage. Von den Pastorenehen aber sagt man, dass sie vielfach zerrüttet seien und überdurchschnittliche Scheidungsraten aufweisen. Ganz trostlos wird das Bild, wenn davon bekanntlich selbst sogenannte ‚Bischöfinnen' betroffen sind.

Um den Zölibat zu verstehen, muss man wissen, dass er viel mehr bedeutet als ‚nicht verheiratet' zu sein. Und überhaupt darf die Motivation zum zölibatären Leben niemals negativ bestimmt sein. Man wählt den Zölibat nicht, weil man keine Frau gefunden hätte oder aus Abneigung gegen die Ehe. Wer die Ehe gering achtet, hat keine guten Voraussetzungen, Priester zu werden. Vielmehr verzichtet der Priester auf das hohe Gut einer Ehe und auf die Geborgenheit einer eigenen Familie um einer höheren Liebe willen.

Übernommen wird die Zölibatsverpflichtung nach Canon 1037 des kirchlichen Rechts vor dem Empfang der Diakonatsweihe. Der Kandidat bezeugt unter Eid, weder aus Zwang noch aus Furcht, sondern aus eigenem Antrieb und freiem Willen um die Weihe zu bitten, weil er sich geprüft habe und meine, dazu von Gott berufen zu sein. Er erklärt, die Bürde, die ihm daraus erwachse, zu kennen und sie tragen zu wollen. Insbesondere sei er sich bewusst, was der Zölibat von ihm verlange. Mit Gottes Hilfe wolle er ihn in reiner Treue bis an sein Ende bewahren: *„So verspreche ich, so gelobe ich, so schwöre ich, so wahr mir Gott helfe und dieses heilige Evangelium, welches ich mit meinen Händen berühre."*

Für den Zölibat sprechen sowohl spirituelle als auch praktische Gründe:

1. Seine wichtigste Begründung findet er im Vorbild Jesu, der selbst ehelos gelebt hat. Der Priester folgt darin dem Beispiel seines Meisters und gelangt so zu einer größeren Ähnlichkeit mit Christus.

2. Der Zölibat ist Zeichen bräutlicher Liebe. Für den Priester, der sakramental teilnimmt an der *„exklusiven Liebe Christi zur Kirche, seiner treuen Braut"* (Direktorium 58), bedeutet er ein *„Sich-selbst-Hingeben in und mit Christus an seine Kirche"* (ebd. 59).

3. Der Priester verzichtet auf die leibliche Vaterschaft um einer höheren Vaterschaft willen. So wird der Zölibat zum *„Quell geistlicher Fruchtbarkeit in der Welt"* (II. Vaticanum, Presbyterorum Ordinis, Nr. 16).

4. Der Zölibat bezeugt eine besondere Radikalität in der Nachfolge Christi, denn *„jeder, der Häuser oder Brüder oder Schwestern oder Vater oder Mutter oder Frau oder Kinder oder Äcker um meines Namens willen verlassen hat, wird Hundertfältiges empfangen und ewiges Leben erben"* (Mt 19, 29).

5. Auch schafft der Zölibat Freiheit, denn so können *„die geweihten Diener Christus mit ungeteiltem Herzen leichter anhangen und sich freier dem Dienst für Gott und für die Menschen widmen"* (Direktorium 58). Für den Priester ist es von größtem Vorteil, durch keine Gatten- und Vaterpflichten gebunden und zu restloser Hingabe frei zu sein [vgl. 1 Kor 7, 32 f].

6. Schließlich ist der Zölibat auch Zeichen einer eschatologischen Wirklichkeit [vgl. Direktorium 58], denn *„bei der Auferstehung wird weder geheiratet noch verheiratet, sondern sie sind wie die Engel Gottes im Himmel"* (Mt 22, 30).

„Durch die Jungfräulichkeit und die Ehelosigkeit um des Himmelreiches willen werden die Priester in neuer und vorzüglicher Weise Christus geweiht; sie hangen ihm leichter ungeteilten Herzens an, schenken sich freier in ihm und durch ihn dem Dienst für Gott und die Menschen, dienen ungehinderter seinem Reich und dem Werk der Wiedergeburt aus Gott und werden so noch mehr befähigt, die Vaterschaft in Christus tiefer zu verstehen. Auf diese Weise bezeugen sie also vor den Menschen, dass sie sich in ungeteilter Hingabe der ihnen anvertrauten Aufgabe widmen wollen ... Sie sollen dabei immer jene Geheimnisse vor Augen haben, die durch sie bezeichnet werden und ihre Erfüllung finden. Und je mehr in der heutigen Welt viele Menschen ein Leben in vollkommener Enthaltsamkeit für unmöglich halten, um so demütiger und beharrlicher werden die Priester und mit ihnen die ganze Kirche die Gabe der Beständigkeit und Treue erflehen, die denen niemals verweigert wird, die um sie bitten." (II. Vaticanum, Presbyterorum Ordinis, Nr. 16)

Die Weihe zum Diakon

Mit der sechsten Stufe der heiligen Weihen beginnt der eigentlich sakramentale Bereich. Zugleich mit der Priesterweihe und der Bischofsweihe ist die Diakonatsweihe ein wahres und eigentliches von Christus eingesetztes Sakrament des Neuen Bundes.

Alle drei Weihestufen zusammen bilden das eine Sakrament des *Ordo*. Während jedoch die Bischofs- und Priesterweihe die Befähigung vermitteln, sakramental *„in der Person Christi des Hauptes zu handeln"*, was sie vor allem im Vollzug des Messopfers und im Bußsakrament ausüben, empfängt der Diakon die untergeordnete Vollmacht, *„dem Volk Gottes in der Diakonie der Liturgie, des Wortes und der Liebe zu dienen" (CIC, can 1009 §3; gemäß Motuproprio ‚Omnium in mentem' Papst Benedikts XVI. vom 26. Oktober 2009).*

Der Begriff *Diakon* kommt vom griechischen Wort *diákonos* und bedeutet *Diener*. Wo Jesus von sich sagt: *„Ich bin in eurer Mitte wie der Dienende." (Lk 22, 27)*, da steht im griechischen Text des Neuen Testamentes genau dieses Wort. Wie aber Jesus *„nicht gekommen ist, sich bedienen zu lassen, sondern zu dienen und sein Leben hinzugeben als Lösepreis für viele" (Mt 20, 28)*, so bleibt es auch für die Priester und Bischöfe unerlässlich, sich in der Nachfolge Christi stets als Dienende zu verstehen und sich an die Mahnung zu erinnern: *„Wer unter euch groß sein will, der sei euer Diener [diakonos]; und wer unter euch der Erste sein will, der sei der Knecht aller." (Mk 10, 43 f.)*

Es ist bemerkenswert, dass selbst der Papst als sichtbares Oberhaupt der Kirche den offiziellen Titel eines obersten Diakons trägt: *"Servus servórum Dei - Diener der Diener Gottes."*

Die Weihe beginnt nach der Lesung der Epistel mit dem namentlichen Aufruf und dem *"Adsum"*. Dann präsentiert der kirchliche Obere die Weihekandidaten dem Bischof, worauf dieser fragt: *"Weißt du, dass sie würdig sind?"* Die Antwort lautet: *"Soviel menschliche Gebrechlichkeit es zu erkennen gestattet, weiß und bezeuge ich, dass sie der Bürde dieses Amtes würdig sind."*

Danach wendet sich der Bischof an das Volk und fordert auch die Anwesenden zum Zeugnis auf: *"Wenn jemand etwas wider sie hat, der trete für Gott und um Gottes willen mit Zuversicht hervor und offenbare es."* Ihre Wurzeln hat diese Befragung in der Urgemeinde von Jerusalem, denn sie ahmt nach, was damals geschah, als die ersten Diakone bestellt wurden. Auf Anordnung der Apostel hin sollten nämlich sieben Männer ausgewählt werden, *"die ein gutes Zeugnis haben und erfüllt sind von Geist und Weisheit" (Apg 6, 3)*. Die Versammlung stellte die Erwählten den Aposteln vor, *"und diese beteten und legten ihnen die Hände auf" (Apg 6, 6)*. Für die Diener Gottes ist es wichtig, auch vor dem Zeugnis des Volkes untadelhaft zu sein wie ihr Meister, der seine Gegner fragen konnte: *"Wer von euch kann mich einer Sünde zeihen?" (Joh 8, 46)*

Die bischöfliche Unterweisung beginnt mit den Worten: *„Da ihr, geliebteste Söhne, in den Stand der Leviten erhoben werden sollt, so bedenket recht, zu welch erhabenem Rang in der Kirche ihr emporsteigt!"* Die Bezeichnung *Leviten* weist darauf hin, dass die Diakone *„Namen und Amt"* von den Söhnen Levis übernommen haben, um ähnliche Dienste, wie einst die Leviten am alttestamentlichen Bundeszelt, in der Kirche Jesu Christi zu verrichten. Deshalb ist es auch üblich, eine feierliche hl. Messe unter Mitwirkung von Diakon und Subdiakon als *Levitenamt* zu bezeichnen.

Weil die Diakone ermächtigt sind, beim heiligen Messopfer unmittelbar an der Seite des Priesters mitzuwirken, werden sie im Weihetext würdevoll *„commínistri et cooperatóres Córporis et Sánguinis Dómini - Mitdiener und Mitwirker am Leib und Blut des Herrn"* genannt. Neben dem Dienst am eucharistischen Leib Christi wird ihnen ein wesentlicher Aufbaudienst am mystischen Leib Christi, der Kirche, übertragen: *„Der Diakon soll nämlich am Altar dienen, taufen und predigen."* Durch die Taufe werden der Kirche neue Kinder geboren. Durch die Predigt werden sie bestärkt im Glauben und ermahnt zum treuen Wandel gemäß der Botschaft des Evangeliums.

Die Ermahnung zu einem würdigen Lebenswandel klingt in der Diakonatsweihe noch viel eindringlicher als bei den vorhergehenden Weihestufen: *„Ihr sollt hinweg genommen sein von den fleischlichen Gelüsten, von den irdischen Begierden, die wider die Seele streiten.*

Ihr sollt lauter, rein, unbefleckt und keusch sein, wie es sich für Diener Christi und Ausspender der Heilsgeheimnisse Gottes ziemt." In Bezug auf die Verkündigung des Evangeliums und die Predigt heißt es: *„Seid besorgt, dass ihr allen, denen ihr das Evangelium mit dem Mund verkündet, es in lebendigen Werken auslegt!"*

Nach der Unterweisung des Bischofs folgt - genau wie bei der Subdiakonatsweihe - die Allerheiligenlitanei mit dem dreifachen Segen des Bischofs über die am Boden Liegenden.

Hierauf ruft der Bischof in zwei kurzen Gebeten noch einmal den Segen Gottes über die Weihekandidaten herab. Dann legt er die Mitra ab, breitet die Hände aus und singt feierlich die *Weihepräfation*. Hier und bei den folgenden Weihen markiert diese Präfation den Höhepunkt des heiligen Geschehens.

Nach einem Lobpreis auf die Weisheit und Güte Gottes, wie sie sich in der Stiftung seiner Kirche offenbart, wendet sich die Präfation den Weihekandidaten zu: *„Wir bitten Dich, o Herr, schaue huldreich herab auf diese Deine Diener, die wir in Demut zum Amt des Diakonates weihen, damit sie Deinen heiligen Altären dienen. Wir als Menschen ... beurteilen deren Leben nur soweit wir es vermögen. Dir aber, Herr, entgeht nichts ... Du bist es, der die Geheimnisse kennt und die Herzen erforscht. Du kannst ihr Leben mit Deinem stets allvermögenden himmlischem Urteil prüfen und sie von ihren Fehlern reinigen, und das, was sie vollbringen sollen, ihnen verleihen."*

Zur Erteilung der eigentlichen Weihe unterbricht der Bischof den Gesang der Präfation, legt jedem Einzelnen die rechte Hand aufs Haupt und spricht: *„Empfange den Heiligen Geist zur Stärkung und um dem Teufel und seinen Versuchungen zu widerstehen. Im Namen des Herrn."* Danach hält er die Hand ausgestreckt und betet über alle gemeinsam die zur Gültigkeit der Weihe notwendigen Worte: *„Herr, wir bitten Dich, sende den Heiligen Geist auf sie herab, damit sie zur treuen Verrichtung Deines Dienstes mit Deiner siebenfältigen Gnadengabe gestärkt werden."*

Danach wird die Weihepräfation bis zum Ende gesungen, wobei der Bischof weiterhin die rechte Hand ausgestreckt hält: *„In ihnen möge überströmen die Schönheit jeder Tugend, bescheidene Würde, beständige Reinheit, makellose Unschuld und die Beobachtung geistlicher Disziplin. In ihren Sitten sollen Deine Gebote widerstrahlen, damit durch das Beispiel ihrer Keuschheit das Volk zu heiliger Nachahmung gelange. Mit dem Zeugnis eines guten Gewissens mögen sie fest und standhaft in Christus verharren."*

Hierauf empfangen die Neugeweihten aus der Hand des Bischofs die *Stola*, die sie zu allen amtlichen Verrichtungen über der linken Schulter tragen, sowie die *Dalmatik*, mit der sie im levitierten Hochamt bekleidet sein werden.

Zuletzt reicht der Bischof jedem Einzelnen das Evangelienbuch zur Berührung mit der rechten Hand, wobei er spricht: *„Empfange die Vollmacht, das Evangelium in der Kirche Gottes zu lesen, sowohl für die Lebenden als auch für die Verstorbenen."*

Die Weihe endet mit zwei feierlichen Segensgebeten über die neu geweihten Diakone.

Die Weihe zum Priester

Der Name *Priester* ist abgeleitet vom griechischen Wort *presbýteros* [= *Ältester*], welches bereits der hl. Apostel Jakobus gebraucht [vgl. Jak 5, 14]. Das lateinische Wort für *Priester* ist *sacérdos*, was wörtlich bedeutet ‚*Der das Heilige gibt*' [von *sacrum dare*].

Zur Priesterweihe erscheinen die Weihekandidaten wie Diakone gekleidet mit Schultertuch, Albe, Zingulum, Manipel und Stola. Auf dem linken Arm tragen sie ein gefaltetes Messgewand, in der rechten Hand eine brennende Kerze.

Die Weihe beginnt nach der Lesung eines Teiles des Graduale. Ganz gleich wie bei der Diakonatsweihe werden sie aufgerufen und dem Bischof präsentiert. Nur die Befragung des Volkes wird viel ausführlicher begründet. Weil nämlich alle, die auf einem Schiff fahren, daran interessiert seien, das Steuerruder in guten Händen zu wissen, müsse auch ihr Urteil bei der Bestellung des Steuermanns gehört werden. Darum sei es *„von den Vätern angeordnet, dass man über die Wahl derjenigen, die zum Dienst am Altar bestimmt werden, auch das Volk befrage".* Auch leiste man jenen lieber Gehorsam, zu deren Weihe man die Zustimmung gegeben habe.

Diese und die weiteren Worte lassen deutlich erkennen, wie wichtig es der Kirche ist, Unwürdigen und Unberufenen den Zutritt zum Altar zu verweigern.

Es folgt wieder eine ausführliche Belehrung: *„Da ihr, geliebteste Söhne, zum Priesteramt geweiht werden sollt, so bemüht euch, es würdig zu empfangen und gut zu verwalten."*

Die amtlichen Pflichten des Priesters sind zusammengefasst in fünf markanten Worten: *„Der Priester muss opfern, weihen, vorstehen, predigen und taufen."* An erster Stelle wird das Opfern genannt, denn in der Weihe wird unter Handauflegung und Gebet vor allem die priesterliche Opfergewalt übertragen. Der Priester wird geweiht für den Altar. Seine höchste und wichtigste Aufgabe ist es, das Opfer Christi darzubringen und dessen heilbringende Erlösungsfrucht den Menschen zuzuwenden.

Eingedenk der Worte Jesu, dass von jedem, dem viel gegeben wurde, umso mehr verlangt wird [vgl. Lk 12, 48], weist der Bischof darauf hin, *„nur mit großer Furcht"* dürfe man zu dieser hohen Stufe aufsteigen und man müsse sorgfältig darauf achten, *„dass himmlische Weisheit, bewährte Sitten und beständige Übung der Gerechtigkeit die hierzu Erwählten empfehlen"*.

Mit Blick auf zwei biblische Vorbilder, nämlich die Erwählung der siebzig Ältesten durch Moses [vgl. Ex 18, 21] und die Berufung von zweiundsiebzig Jüngern durch Jesus [vgl. Lk 10, 1], mahnt der Bischof die Weihekandidaten, dass sie sich mit der Gnade Gottes darum bemühen sollen, ihrer hohen Berufung würdig zu entsprechen.

Zum Hinweis darauf, dass dem äußeren Vollzug des heiligen Messopfers auch in ihrem Inneren eine lebendige Opfergesinnung entsprechen soll, sagt der Bischof die bedeutsamen Worte: *„Nun denn, geliebte Söhne, ... bewahret in euren Sitten unversehrt ein keusches und heiliges Leben. Erkennet, was ihr tut! Ahmet nach, was ihr verrichtet!"* Es wäre für den Priester nämlich nicht genug und es würde ihm persönlich nichts nützen, wenn er nur objektiv Stellvertreter und Werkzeug Jesu Christi wäre. Vielmehr steht er unter dem hohen Anspruch, nach persönlicher Heiligkeit zu streben und auch subjektiv ‚wie Christus' zu sein. Gleichsam als ‚lebendige Ikone' soll er transparent sein auf den hin, den er vertritt. Deshalb fährt der Bischof fort: *„Wenn ihr also das Geheimnis des Todes des Herrn feiert, so seid darauf bedacht, in euren Gliedern alle Laster und bösen Begierlichkeiten zu töten. Eure Lehre sei eine geistliche Arznei für das Volk Gottes. Der Wohlgeruch eures Lebens sei eine Erquickung für die Kirche Christi."*

Noch ernster als sie begonnen hat, endet die bischöfliche Ermahnung: *„Mögen weder wir, weil wir euch geweiht haben, noch ihr, weil ihr ein so hohes Amt übernommen habt, verdienen vom Herrn verdammt, sondern vielmehr belohnt zu werden, was er uns durch seine Gnade gewähren wolle."* Die Verantwortung eines Priesters ist überaus groß. Seine Weihe kann ihm sowohl zum ewigen Lohn als auch zur ewigen Strafe gereichen. Denken wir nur an das traurige Beispiel des Judas, von dem Jesus selber gesagt hat: *„Besser wäre* *es ihm, er wäre nicht geboren." (Mt 26, 24)* Wer könnte es wagen, zum Weihealtar hinzuzutreten, wenn nicht der Herr selbst ihn gerufen hätte?

Wie bei den beiden vorhergehenden Weihen strecken sich die Weihekandidaten nun flach auf den Boden aus, um alle Heiligen des Himmels als Fürsprecher anzurufen und den Segen des Bischofs zu empfangen.

Nach der Allerheiligenlitanei ist der unaussprechlich heilige Moment gekommen. Die Weihekandidaten richten sich auf, und der Bischof legt jedem einzelnen beide Hände aufs Haupt. Diese Handauflegung zur verwandelnden Herabkunft des Heiligen Geistes geschieht ähnlich wie die Wandlung der Messe in heiligem Schweigen. Den Seelen der Erwählten wird nun das Zeichen der besonderen Gleichförmigkeit mit dem Priester Jesus Christus eingeprägt, welches sie zur Ausübung der priesterlichen Gewalt befähigt [vgl. KKK 1582]. Dieses Prägemal ist unauslöschlich und unverlierbar. Der Priester wird es *„selbst in den bedauerlichsten Verirrungen, in die er durch menschliche Schwäche fallen kann, nie aus seiner Seele austilgen können" (Papst Pius XI., Ad catholici sacerdotii, 20.12.1935).*

Der Bischof hält die rechte Hand ausgestreckt, während dann alle anwesenden Priester nach vorn kommen und ebenfalls den Neugeweihten die Hände auflegen, um so die Einheit der Priesterschaft zum Ausdruck zu bringen. Auch sie halten nach der Handauflegung den rechten Arm ausgestreckt, bis der Bischof spricht: *„Lasst uns, geliebteste Brüder, Gott den allmächtigen Vater bitten, er möge über diese seine Diener, die er zum Priestertum erwählt hat, himmlische Gaben in Fülle ergießen, auf dass sie, was sie mit seiner Gnade übernehmen, durch seine Hilfe erlangen."*

Nach einem kurzen Weihegebet, in dem der Bischof bittet, Gott möge über seine Diener *„den Segen des Heiligen Geistes und die Kraft priesterlicher Gnaden"* ausgießen und sie mit bleibender Gnadenfülle beschenken, beginnt der feierliche Gesang der Weihepräfation.

Mitten in der Präfation setzt der Gesang plötzlich aus, und der Bischof spricht klar und deutlich das wesentliche Weihegebet, welches zusammen mit der Handauflegung eine moralische Einheit bildet und zur Gültigkeit der Weihe unbedingt notwendig ist: *„Verleihe, so bitten wir, allmächtiger Vater, diesen Deinen Dienern die Würde des Priestertums. Erneuere in ihrem Herzen den Geist der Heiligkeit, damit sie das von Dir, Gott, empfangene Amt des zweiten Ranges festhalten und durch das Beispiel ihres Lebenswandels die Zucht der Sitten fördern."*

Damit ist die eigentliche sakramentale Weihehandlung besiegelt.

Nach der Weihepräfation folgen verschiedene Riten zur Ausdeutung der übertragenen Gewalten und der übernommenen Pflichten. Zur Einkleidung mit den priesterlichen Gewändern legt der Bischof den Neugeweihten zuerst die  Stola kreuzweise über die Brust, um sie gleichsam mit dem Kreuz des Herrn zu vermählen [vgl. Mt 11, 30]: *„Nimm hin das Joch des Herrn, denn sein Joch ist süß und seine Bürde leicht."* Danach überreicht er ihnen das Messgewand und spricht: *„Nimm hin das priesterliche Gewand, das die Liebe versinnbildet, denn Gott ist mächtig, in dir die Liebe zu vermehren und das Werk zu vollenden."* Allerdings bleibt der hintere Teil des Messgewandes noch zusammengefaltet bis gegen Ende der Weihemesse.

Auf ein schönes und inhaltsvolles Segensgebet über die Neugeweihten folgt die Salbung der Hände. Der Bischof stimmt an den Stufen des Altares kniend das *‚Veni, Creátor Spíritus'* an. Während der Chor dann den Hymnus weiter singt, treten die Neugeweihten vor den Bischof und reichen ihm die geöffneten Hände dar. Mit Katechumenenöl salbt dieser zuerst beide Daumen und Zeigefinger, die ja im heiligen Messopfer die konsekrierten Gestalten von Brot und Wein berühren werden, und betet: *„Weihen und heiligen mögest*

Du, o Herr, diese Hände durch diese Salbung und unsere Segnung." Dann salbt er die inneren Handflächen: *„Damit alles, was sie segnen, gesegnet sei, und was sie weihen, geweiht und geheiligt sei."* Wie die Hände Jesu bei der heiligen Wandlung *„heilig und ehrwürdig"* genannt werden, so sollen auch die Hände des Priesters stets *„heilig und ehrwürdig"* sein.

Nach der Salbung faltet der Bischof die Hände der Neugeweihten und bindet sie mit einem Leinentuch fest zusammen. Es gibt den schönen Brauch, dass dieses Leinentuch später der Priestermutter zusteht, damit sie es aufbewahrt und einmal mit in ihr Grab nimmt.

Danach gibt der Bischof zum Zeichen der Übertragung der Wandlungsgewalt in die gesalbten und gebundenen Priesterhände den Kelch mit Wein und die Patene mit einer Hostie, indem er spricht: *„Empfange die Gewalt, Gott das Opfer darzubringen und die Messe zu zelebrieren sowohl für Lebende als auch für Verstorbene. Im Namen des Herrn."*

Nachdem die gesalbten Hände der Neugeweihten getrocknet wurden, kehren sie an ihre Plätze zurück. Die hl. Messe wird fortgesetzt mit dem Evangelium.

Zur Opferung treten die Neupriester vor den Altar und geben wie bei den vorhergegangenen Weihestufen zum Zeichen ihrer Hingabe eine brennende Kerze in die Hand des Bischofs. Danach gehen sie nicht wieder an ihre Plätze, sondern bleiben im Altarraum und bringen ihr erstes Messopfer dar, indem sie von der Opferung an bis zur hl. Kommunion alle Gebete, die sonst stets leise gesprochen werden, gemeinsam mit dem Bischof beten. Die *heilige Kommunion* empfangen sie am Altar aus der Hand des Bischofs.

In der Antiphon, die der Bischof nach der Kommunion und Purifikation anstimmt, kommt zum Ausdruck, dass der Priester gerufen ist zu heiliger Freundschaft mit Christus: *„Nun nenne ich euch nicht mehr Knechte, sondern meine Freunde, weil ihr alles erkannt habt, was ich in eurer Mitte vollbracht habe."* Es sind dies dieselben Worte, die Jesus in der Stunde der ersten Priesterweihe beim Letzten Abendmahl gesprochen hat [vgl. Joh 15, 15].

Danach sprechen die Neupriester stehend vor dem Bischof als Stellvertreter Christi das Apostolische Glaubensbekenntnis. Dann knien sie vor ihm nieder und er legt jedem Einzelnen noch einmal die Hände aufs Haupt, um ihm formell die Sündenvergebungsgewalt zu übertragen, wozu er spricht: *„Empfange den Heiligen Geist: Denen du die Sünden nachlassen wirst, denen sind sie nachgelassen, und denen du sie behalten wirst, denen sind sie behalten."* Hierauf entfaltet er das Messgewand und spricht: *„Mit dem Gewand der Unschuld bekleide dich der Herr."*

Schließlich umfasst der Bischof beide Hände jedes Neugeweihten und fragt ihn: *"Versprichst du mir und meinen Nachfolgern Ehrfurcht und Gehorsam?"* Dieser antwortet: *"Ja, ich verspreche es."*, worauf ihm der Bischof den Friedenskuss gibt.

Mit einer abschließenden Ermahnung und einem feierlichen Segen beendet der Bischof die Weihehandlung. Sein letztes Wort lautet: *"Bittet den allmächtigen Gott auch für mich!"*, worauf die Neugeweihten antworten: *"Libénter. - Gerne!"*

"Wenn wir recht begreifen würden, was ein Priester auf Erden ist, würden wir sterben: nicht vor Schreck, sondern aus Liebe ... Ohne den Priester würden der Tod und das Leiden unseres Herrn zu nichts nützen. Der Priester ist es, der das Werk der Erlösung auf Erden fortführt ... Was nützte uns ein Haus voller Gold, wenn es niemanden gäbe, der uns die Tür dazu öffnet? Der Priester besitzt den Schlüssel zu den himmlischen Schätzen: Er ist es, der die Tür öffnet ... Der Priester ist nicht Priester für sich selbst, er ist es für euch."
(hl. Pfr. von Ars, zitiert im Brief Benedikts XVI. an die Priester vom 16.06.2009)

Die Weihe zum Bischof

Der Name *Bischof* stammt vom griechischen Wort *episcopos*, was soviel bedeutet wie *Vorsteher der Kirche*. Die Bischofsweihe kann nur von einem Bischof gespendet werden, wobei dem eigentlichen Konsekrator nach altem Brauch zwei weitere Bischöfe als Assistenten und Mitkonsekratoren zur Seite stehen.

Als wichtigste Bedingungen für die Eignung eines Kandidaten zur Bischofsweihe nennt das kirchliche Recht *„festen Glauben, gute Sitten, Frömmigkeit, Seeleneifer, Klugheit sowie menschliche Tugenden"* und *„einen guten Ruf"* (CIC, can 378).

Die Bischofsweihe erteilt die ganze Fülle priesterlicher Gewalt, an welcher die untergeordneten Weihestufen [Priester und Diakon] nur in reduzierter Form Anteil haben.

Die Bischöfe treten als Priester, Lehrer und Hirten an die Stelle der Apostel. Geeint unter dem Primat des Papstes als Nachfolger des hl. Apostels Petrus garantieren sie die Kontinuität der von Jesus Christus begründeten Kirche. Aus einer inneren Logik heraus darf eine Bischofsweihe nur dann vollzogen werden, wenn der päpstliche Auftrag dazu feststeht [vgl. CIC, can 1013]. Eine Bischofsweihe ohne oder gar gegen das Mandat des Papstes wäre ein grober Verstoß gegen die kirchliche Einheit und wird mit schweren Strafen belegt: *„Ein Bischof, der jemanden ohne päpstlichen Auftrag zum Bischof weiht, und ebenso, wer von ihm die*

Weihe empfängt, zieht sich die dem Apostolischen Stuhl vorbehaltene Exkommunikation als Tatstrafe zu." (CIC, can 1382)

Der Ritus der Bischofsweihe ist sehr komplex und reich an Symbolik. An dieser Stelle wollen wir uns darauf beschränken, einen Überblick über die wichtigsten Abläufe zu geben.

Der Erwählte ist mit Schultertuch, Albe, gekreuzter Stola und mit einem Chormantel bekleidet. Am Altar angelangt, bittet zunächst der älteste der assistierenden Bischöfe den Konsekrator im Namen der Kirche um die Erteilung der Weihe, worauf dieser fragt: *„Habt Ihr ein Apostolisches Mandat?"* Dieses Mandat wird dann verlesen und so die Legitimität der Weihehandlung festgestellt.

Danach folgt die feierliche Befragung [*examinatio*] des Weihekandidaten. Dem Erwählten werden achtzehn Fragen über den Glauben und die Sitten vorgelegt. Er muss den festen Willen bekunden, mit seiner ganzen Person der Wahrheit des Evangeliums zu dienen, den Anordnungen des Apostolischen Stuhles zu gehorchen, dem Papst Treue und Gehorsam zu erweisen, das Volk durch Wort und Beispiel zu belehren, sich von allem Bösen fern zu halten, Keuschheit, Mäßigkeit, Demut und Geduld zu üben, gegen Arme und Hilfsbedürftige barmherzig zu sein, jede Irrlehre zu verurteilen sowie den katholischen Glauben ganz und unverkürzt zu bewahren und zu verkünden.

Nun beginnt die heilige Messe mit dem Stufengebet, wozu der zu Weihende links vom Konsekrator steht. Dann führen die assistierenden Bischöfe den Erwählten in eine Seitenkapelle, wo dieser den Chormantel ablegt und ohne weitere Zeremonien mit den bischöflichen Gewändern bekleidet wird. Sobald er eingekleidet ist, führen ihn die Assistenten an einen Seitenaltar, wo er vom *Introitus* angefangen bis zum *Allelúia* die Texte der hl. Messe still rezitiert. Danach wird er vor den Konsekrator geführt, der zwischenzeitlich ebenfalls die Messtexte bis zum *Allelúia* gebetet hat und ihn in der Mitte vor dem Altar sitzend erwartet.

Die Belehrung über die bischöflichen Amtspflichten fällt ziemlich knapp aus: *„Der Bischof muss richten, auslegen, konsekrieren, weihen, opfern, taufen und firmen."*

Dann fordert der weihende Bischof die Umstehenden zum Gebet auf: *„Lasset uns beten, geliebte Brüder, dass die vorsehende Güte des allmächtigen Gottes diesem Erwählten zum Nutzen der Kirche die Fülle seiner Gnade verleihe."*

Zur Allerheiligenlitanei legt der künftige Bischof sich flach auf den Boden und empfängt den dreimaligen Segen: *„Dass du den hier gegenwärtigen Erwählten segnen* ✠*, heiligen* ✠ *und weihen* ✠ *wollest."*

Nach der Allerheiligenlitanei erheben sich alle und der Konsekrator legt ihm vor dem Altar schweigend das aufgeschlagene Evangelienbuch auf den Nacken und über die Schultern. Damit wird sowohl die Herabkunft des Heiligen Geistes versinnbildet als auch veranschaulicht, dass das Lehramt als schwere Amtspflicht auf den Schultern des Bischofs ruht. Ein Kleriker hält das Buch in dieser Position fest, bis es nach vollzogener Weihe dem Neugeweihten übergeben wird.

Danach folgt als wesentlicher Weiheakt die Handauflegung. Der Konsekrator und die anderen beiden Bischöfe legen ihre Hände auf das Haupt des Erwählten und sprechen dabei zusammen: *„Accipe Spíritum Sanctum! - Empfange den Heiligen Geist!"* Der Konsekrator betet dann alleine weiter: *„Herr, sei gnädig unserem Flehen und gieße über diesen Deinen Diener, über den Du das Füllhorn Deiner priesterlichen Gnaden geneigt hast, die Kraft Deines Segens aus."*

Danach singt er mit ausgestreckten Händen die Weihepräfation. Diese wird in Erinnerung daran, wie Moses den Aaron zum Hohenpriester gesalbt hat, nach der ersten Hälfte unterbrochen. Während man dann das *Veni Creátor Spíritus* singt, wird das Haupt des Neugeweihten mit Chrisam gesalbt: *„Gesalbt und geweiht werde dein Haupt mit himmlischer Segnung zur hohepriesterlichen Würde. Im Namen des Vaters und des Sohnes und des Heiligen Geistes."*

In der Fortsetzung der Weihepräfation heißt es: *„Seine Rede und seine Predigt sollen nicht in überredenden Worten menschlicher Weisheit bestehen, sondern im Erweis von Geist und Kraft ... Er sei unverdrossen in der Mühsal, voll glühenden Geistes. Er* *hasse den Hochmut. Demut und Wahrheit soll er lieben und nie von ihr abweichen. Weder durch Lob noch durch Furcht werde er überwunden. Das Licht soll er nicht Finsternis sein lassen, noch die Finsternis Licht. Das Böse nenne er nicht gut und das Gute nicht böse."*

Nach der Präfation werden die Hände des Neugeweihten, in denen nun die Fülle der Weihe- und Segensgewalt liegt, mit Chrisam gesalbt.

Dann folgt die Übergabe des Bischofsstabes und des bischöflichen Ringes. Der Stab versinnbildet das Hirtenamt, der Ring die Treue zur Braut Christi.

Nun nimmt der Konsekrator das Evangelienbuch von den Schultern des Neugeweihten und überreicht es ihm mit den Worten: *„Nimm hin das Evangelium! Geh und predige es dem dir anvertrauten Volk!"* Dabei denkt man an die Worte des hl. Apostels Paulus: *„Wehe mir, wenn ich das Evangelium nicht verkündigte!" (1 Kor 9, 16)*

Die hl. Messe wird fortgesetzt mit dem letzten Vers des Graduale. Zur Opferung bringt der Neugeweihte als Opfergabe zwei große angezündete Wachskerzen, zwei Brote und zwei kleine Fässer mit Wein. Dann begibt er sich auf die Epistelseite des Altares, um gemeinsam mit dem Konsekrator das heilige Opfer zu vollziehen.

Nach dem *Ite, missa est* und dem Segen tritt der neugeweihte Bischof noch einmal vor den Konsekrator, um feierlich die bischöfliche Mitra zu empfangen, die gedeutet wird als *„Helm der Stärke und des Heiles"*, sowie die bischöflichen Handschuhe, die Lauterkeit im Denken und Handeln bei der Verwaltung des bischöflichen Amtes versinnbilden.

Danach geleitet der Konsekrator den neuen Bischof zum bischöflichen Thron, damit er Besitz ergreife von seiner Diözese. Endlich stimmt der Konsekrator das *Te Deum* an. Der neugeweihte Bischof aber schreitet segnend durch die Reihen der Gläubigen. Zum Altar zurückgekehrt spendet er zum ersten Mal den feierlichen Pontifikalsegen.

Den Schluss der Bischofsweihe bildet die dreimalige Akklamation des neugeweihten Bischofs an seinen Konsekrator: *„Ad multos annos! - Auf viele Jahre!"*

Die priesterlichen Ämter

Die klassische Antwort auf die Frage, was dem Menschen zum Heil notwendig sei, weist auf dreierlei hin: Wir müssen an Gott glauben, seine Gebote halten und die Gnadenmittel gebrauchen.

‣ *Glauben* bedeutet, Gott zu vertrauen und all das sicher für wahr zu halten, was er geoffenbart hat. Im Licht des Glaubens erkennen wir IHN als unseren Ursprung und als unser Ziel.

‣ Die *Gebote* Gottes sind wie Wegweiser sowohl zum zeitlichen als auch zum ewigen Glück, an denen wir unser Denken und unser Handeln ausrichten sollen.

‣ Weil wir aber aus eigener Kraft nicht glauben und auch nicht die Gebote halten können, wie es zur Seligkeit notwendig ist, brauchen wir die göttliche *Gnade*.

Diesem dreifachen Bedürfnis entspricht der Gottmensch Jesus Christus in seinem dreifachen Amt als *Lehrer*, *Hirt* und *Priester*.

Vor seiner Himmelfahrt gab Jesus den Missionsbefehl: *„Mir ist alle Gewalt gegeben im Himmel und auf Erden. Geht darum hin und macht alle Völker zu Jüngern, indem ihr sie tauft auf den Namen des Vaters und des Sohnes und des Heiligen Geistes und sie lehrt, alles zu halten, was ich euch aufgetragen habe." (Mt 28, 18-20)* Seither setzt er sein Wirken zum Heil der Menschen in seiner Kirche fort, indem er ihr Anteil gibt an seinem eigenen *Lehramt*, *Hirtenamt* und *Priesteramt*.

Der oberste *Lehrer*, *Hirte* und *Priester* seiner Kirche ist Jesus Christus selbst. Sichtbar vertreten wird er durch den Nachfolger des hl. Apostels Petrus, den Papst. In Gemeinschaft mit ihm üben die Bischöfe das *Lehramt*, *Priesteramt* und *Hirtenamt* aus, woran auf untergeordnete Weise die Priester Anteil haben. So vermag die Kirche den Menschen alles zu geben, was ihnen zum ewigen Heil notwendig ist.

Weil also die drei Ämter sowohl für die priesterliche Identität als auch für das Selbstverständnis der ganzen Kirche eine so wichtige Rolle spielen, soll nach dem Wunsch des II. Vatikanischen Konzils schon in den Priesterseminaren *„die gesamte Ausbildung der Alumnen dahin zielen, dass sie nach dem Vorbild unseres Herrn Jesus Christus, des Lehrers, Priesters und Hirten, zu wahren Seelenhirten geformt werden"* (Optatam Totius, Nr. 4). Denn, so sagt das Konzil: *„Die Priester gelangen auf ihnen eigene Weise zur Heiligkeit, nämlich durch aufrichtige und unermüdliche Ausübung ihrer Ämter im Geist Christi."* (Presbyterorum Ordinis, Nr. 13)

In den Texten des II. Vatikanischen Konzils sowie in den Äußerungen des jüngeren Lehramtes finden sich zahlreiche Stellen, die in diesem Zusammenhang sehr klar und deutlich wichtige Punkte aufgreifen, die in der Realität der nachkonziliaren Zeit vielfach sehr im Argen liegen. Was geschrieben steht, kann aber nur dann zur Erneuerung der Kirche nützen, wenn es auch gelesen und befolgt wird, denn Papier ist ja bekanntlich geduldig.

Deshalb sollen hier einige wichtige lehramtliche Äußerungen in Erinnerung gebracht werden.

Zum *Lehramt* ist zu lesen:

‣ *„Da niemand ohne Glauben gerettet werden kann, ist die erste Aufgabe der Priester als Mitarbeiter der Bischöfe, allen die frohe Botschaft Gottes zu verkünden ... Die Priester schulden also allen, Anteil zu geben an der Wahrheit des Evangeliums, deren sie sich im Herrn erfreuen. Niemals sollen sie ihre eigenen Gedanken vortragen, sondern immer Gottes Wort lehren und alle eindringlich zur Umkehr und zur Heiligung bewegen." (II. Vaticanum, Presbyterorum Ordinis, Nr. 4)*

‣ *„Sie sind Verfechter des gemeinsamen Wohls, für das sie im Namen des Bischofs Sorge tragen, und zugleich entschiedene Verteidiger der Wahrheit, damit die Gläubigen nicht von jedem Wind der Lehre hin und her getrieben werden." (ebd., Nr. 9)*

‣ *„Der pastorale Auftrag des Lehramtes ist es, zu wachen, dass das Gottesvolk in der befreienden Wahrheit bleibt." (KKK 890)*

‣ *„Der Priester wird es mit gereifter Verantwortung vermeiden, die göttliche Botschaft zu verkehren, zu reduzieren, zu verzerren oder zu verwässern ... Es geht darum, ein Wort zu verkünden, worüber nicht willkürlich verfügt werden kann, weil es der Kirche anvertraut ist, damit es gehütet, erforscht und treu überliefert werde." (Direktorium für Dienst und Leben der Priester, 31.01.1994, Nr. 45)*

Zum *Hirtenamt* ist zu lesen:

▸ *„In der Auferbauung der Kirche müssen die Priester allen nach dem Beispiel des Herrn mit echter Menschlichkeit begegnen. Dabei sollen sie sich ihnen gegenüber nicht nach Menschengefallen verhalten, sondern so, wie es die Lehre und das christliche Leben erheischt. Sie sollen sie belehren und sogar wie Söhne, die man liebt, ermahnen, nach dem Wort des Apostels: ‚Tritt auf, sei es gelegen oder ungelegen, überführe, gebiete, ermahne in aller Langmut und Lehre' (2 Tim 4,2)."* (II. Vaticanum, Presbyterorum Ordinis, Nr. 6)

▸ *„Als Lenker und Hirten des Volkes Gottes werden sie von der Liebe des Guten Hirten angetrieben, ihr Leben für ihre Schafe hinzugeben, auch zum höchsten und letzten Opfer bereit nach dem Beispiel jener Priester, die auch in unserer Zeit nicht gezögert haben, ihr Leben zu opfern ... Vor ihren Gläubigen geben sie ein Zeichen unerschütterlicher Hoffnung, damit sie die, die in irgendwelcher Bedrängnis leben, trösten können durch die Ermutigung, mit der auch sie von Gott ermutigt werden. Als Leiter der Gemeinschaft pflegen sie eine Aszese, wie sie einem Seelenhirten entspricht: sie verzichten auf eigene Vorteile und suchen nicht ihren Nutzen, sondern den der vielen, damit sie das Heil erlangen."* (ebd., Nr. 14)

▸ *„Die pastorale Liebe bildet das innere und dynamische Prinzip, das die vielfältigen und verschiedenen pastoralen Tätigkeiten des Priesters einen kann ...*

Durchdrungen von solcher Liebe, muss der Dienst eine Bekundung der Liebe Christi sein, deren Einstellungen und Haltungen der Priester erkennen lassen wird, bis zur eigenen Ganzhingabe für die Herde, die ihm anvertraut ist." (Direktorium für Dienst und Leben der Priester, 31.01.1994, Nr. 43)

Ergänzend sei hingewiesen auf ein Wort aus der Mönchsregel des hl. Benedikt, das nicht nur für Äbte, sondern in gewissem Sinn auch für jeden Priester gilt: *„Auch wisse der Abt, dass der Hirt dafür verantwortlich ist, wenn der Hausvater an den Schafen zu wenig Nutzen entdeckt." (2. Kapitel)*

Darum mahnt der hl. Apostel Paulus: *„Gehorcht euren Vorstehern und ordnet euch unter; denn sie wachen über eure Seelen, um Rechenschaft zu geben. Mögen sie dies mit Freude tun und nicht mit Seufzen." (Hebr 13, 17)*

Zum *Priesteramt* ist zu lesen:

‣ *„Mit der Eucharistie stehen die übrigen Sakramente im Zusammenhang; auf die Eucharistie sind sie hingeordnet ... Darum zeigt sich die Eucharistie als Quelle und Höhepunkt aller Evangelisation ... Die Priester leiten darum die Gläubigen an, die göttliche Opfergabe in der Messfeier Gott dem Vater darzubringen und mit ihr die Hingabe ihres eigenen Lebens zu verbinden ... Sie lehren sie ..., an den Feiern der heiligen Liturgie so teilzunehmen, dass sie dabei zu einem echten Gebet kommen ... Das Gotteshaus, in dem die Heiligste Eucharistie gefeiert und aufbewahrt wird, in dem* *die Gläubigen sich versammeln und die Gegenwart des auf dem Opferaltar für uns dargebrachten Erlösers zur Hilfe und zum Trost der Gläubigen verehrt wird, soll schön sein, geeignet zu Gebet und heiliger Handlung." (II. Vaticanum, Presbyterorum Ordinis, Nr. 5)*

‣ *„Das Recht, die heilige Liturgie zu ordnen, steht einzig der Autorität der Kirche zu ... Deshalb darf durchaus niemand sonst, auch wenn er Priester wäre, nach eigenem Gutdünken in der Liturgie etwas hinzufügen, wegnehmen oder ändern." (II. Vaticanum, Sacrosanctum Concilium, Nr. 22; vgl. CIC, can 838)*

‣ *„Bei der Feier der Sakramente sind die von der zuständigen Autorität gebilligten liturgischen Bücher getreu zu beachten; deshalb darf niemand dabei eigenmächtig etwas hinzufügen, weglassen oder ändern." (CIC, can 846 § 1)*

‣ *„Es ist notwendig, an den unersetzlichen Wert zu erinnern, den die tägliche Zelebration der hl. Messe für den Priester hat, auch wenn dafür keine Gläubigen zusammenkommen sollten. Er wird sie als den zentralen Moment des ganzen Tages und des täglichen Dienstes erleben ... und als Gelegenheit zur tiefen und wirksamen Begegnung mit Christus. Und er wird sehr darauf achten, sie mit Andacht und inniger Anteilnahme des Geistes und des Herzens zu feiern ... Der Priester (wird) all dem sein Augenmerk schenken, was Schmuck und Sakralität der eucharistischen Zelebration erhöhen kann ... Wer schlecht zelebriert, zeigt da-*

mit die Schwachheit seines Glaubens und erzieht andere nicht zum Glauben. Gut zelebrieren dagegen bildet eine erste wichtige Katechese über das heilige Opfer." (Direktorium für Dienst und Leben der Priester, 31.01.1994, Nr. 49)

‣ *„Die Liturgie ist Ausübung des Priestertums Christi ... Sie bildet einen Bereich, wo sich der Priester in besonderer Weise bewusst sein muss, dass er Amtsträger ist und dass er der Kirche treu gehorchen muss ... Dies gilt in besonderer Weise für die Feier der Sakramente, ... die der Priester in der Person Christi und im Namen der Kirche zum Wohl der Gläubigen ausspendet. Diese haben ein wahres Recht darauf, an liturgischen Feiern so teilzunehmen, wie sie die Kirche will, und nicht nach dem persönlichen Geschmack des einzelnen Amtsträgers, nach partikularistischen Ritualen, die nicht approbiert sind." (ebd. Nr. 64)*

Gebet für die Priester

Nicht umsonst hat Jesus gesagt: *„Die Ernte ist groß, doch der Arbeiter sind wenige. Bittet daher den Herrn der Ernte, dass er Arbeiter in seine Ernte sende." (Lk 10, 2)* Gott will nämlich, dass die Kirche das Geschenk geistlicher Berufungen immer wieder neu von ihm erfleht.

Neben dem Gebet um geistliche Berufungen ist aber die Sorge um gute katholische Familien nicht weniger wichtig, denn gerade aus ihnen gehen gewöhnlich die geistlichen Berufungen hervor.

Zwischen den Gläubigen und ihren Priestern besteht ein gegenseitiges Aufeinander-angewiesen-sein. Die Gläubigen brauchen die Priester, denn sie sind es, die ihnen als *„Diener Christi und Verwalter der Geheimnisse Gottes" (1 Kor 4, 1)* die Sakramente spenden. Ebenso brauchen aber auch die Priester in mancherlei Hinsicht die Gläubigen. Was wäre nämlich ein Hirte ohne Herde? Ganz besonders brauchen sie ihr Gebet.

Nach guter Tradition ist besonders der erste Donnerstag jeden Monats als ,*Priesterdonnerstag*' dem Gebet für die Priester und um geistliche Berufungen geweiht.

Für jeden Priester ist es tröstlich zu wissen, dass es Menschen gibt, die für ihn beten, dass er seiner Berufung treu bleibe und dass der Herr sein priesterliches Wirken segne und fruchtbar mache.

O Jesus, ewiger Hoherpriester, bewahre Deinen Priester im Schutz Deines heiligsten Herzens, wo keiner ihm schaden kann. Bewahre unbefleckt seine gesalbten Hände, die täglich Deinen heiligen Leib berühren. Bewahre rein die Lippen, die gerötet sind von Deinem kostbaren Blut. Bewahre rein und unirdisch sein Herz, das gesiegelt ist mit dem erhabenen Zeichen Deines glorreichen Priestertums. Lass ihn wachsen in der Liebe und Treue zu Dir und schütze ihn vor der Ansteckung der Welt. Gib ihm mit der Wandlungskraft über Brot und Wein auch die Wandlungskraft über die Herzen. Segne seine Arbeit mit reicher Frucht und schenke ihm dereinst die Krone des ewigen Lebens. Amen.

Gebet der hl. Therese von Lisieux

VOM SELBEN AUTOR

Zum Altare Gottes will ich treten -
Die Messe in ihren Riten erklärt

Das Büchlein ist reich bebildert und gibt in leicht verständlicher Sprache eine ausführliche und spirituell wertvolle Erklärung zu den einzelnen Abläufen der heiligen Messe nach der außerordentlichen Form des römischen Ritus.

Komplet für alle Tage

Dieses Büchlein bietet jenen, die sich dem öffentlichen Gebet der Kirche anschließen möchten, sämtliche Texte des kirchlichen Nachtgebetes mit gregorianischen Noten und einer wortgetreuen deutschen Übersetzung.

Lernbüchlein für Ministranten

Ministrantendienst ist Ehrendienst und will gut erlernt sein. Dieses Büchlein gibt eine grundlegende Einführung in die Kunst des Ministrierens nach dem Außerordentlichen Ritus und hilft auch Nichtlateinern zu einer korrekten Aussprache der lateinischen Antworten.

Ordo Missæ - Die gleichbleibenden Teile der hl. Messe nach der außerordentlichen Form des römischen Ritus

Die außerordentliche Form der hl. Messe erfreut sich wachsender Beliebtheit, denn sie enthält einen großen spirituellen Reichtum. Außerdem findet man in diesem Büchlein die wichtigsten Grundgebete [z. B. Angelus und Rosenkranz] lateinisch und deutsch.

Mein Jesus Barmherzigkeit - Beichtbüchlein für Kinder

Das Büchlein ist mit ansprechenden Illustrationen versehen. Es enthält einen kleinen Beichtkatechismus, Gebete zur Vorbereitung, einen ausführlichen kindgerechten Beichtspiegel sowie eine Auswahl schöner Kindergebete.

Die letzten Dinge

Diese Schrift möchte daran erinnern, was der katholische Glaube über die letzten Dinge lehrt, und eine Perspektive zeigen, die über den Tod hinaus geht. Darin enthalten ist auch eine praktische Hilfe zur Beichtvorbereitung für ältere und kranke Menschen, sowie die Sterbegebete.

Beichtspiegel - Praktische Beichthilfe für Erwachsene

Dieses Büchlein ist praxisorientiert und möchte helfen, gut zu beichten. Es eignet sich sowohl für solche, die schon lange nicht mehr gebeichtet haben, als auch für regelmäßig Beichtende.

Kleiner Katechismus des katholischen Glaubens

Leicht verständlich wird ein klarer Überblick über die wesentlichen Inhalte des katholischen Glaubens gegeben. Das Büchlein eignet sich nicht nur für Kinder und Firmlinge, sondern für alle, die ihr Glaubenswissen auffrischen oder vertiefen möchten. Im Anhang enthält es eine Sammlung schöner Gebete und auch eine Anleitung zum Rosenkranzgebet.

**Was ist Keuschheit? -
Hilfen zur Gewissensbildung im 6. Gebot**

Wozu haben wir einen Leib? Was ist Schamhaftigkeit? Wie lebt man Keuschheit vor der Ehe und in der Ehe? Warum verbietet die Kirche Pille, Spirale, Kondom und Sterilisation? Was sagt sie zur natürlichen Empfängnisregelung? - Auf solche und andere aktuelle Fragen antwortet das Büchlein klar und verständlich. Es zeigt Wege zu einem keuschen Leben.

SONSTIGES

Sexualerziehung [3 CDs]

Ein ausgezeichneter Vortrag von Irmgard Hagspiel, die mit viel Sachverstand und pädagogischer Klugheit Eltern helfen möchte, mit ihren Kindern über die Geheimnisse des Lebens zu reden und ihre Fragen angemessen und mit der nötigen Sensibilität zu beantworten.

„Empfange die Gewalt" - Sein und Vollmacht des Priesters

Dieses Büchlein (A6, 95 Seiten) von P. Lic. Sven Conrad FSSP enthält theologisch-spirituelle Notizen zum Priestertum. Es richtet sich in erster Linie an Priester und Theologiestudenten und erinnert an zentrale Punkte der Theologie des Weihesakramentes.

Pastor Bonus - Texte zur priesterlichen Heiligung

Heft 1: HÆRENT ANIMO
Apostolischen Schreiben von Papst Pius X. anlässlich seines fünfzigsten Priesterjubiläums an den katholischen Klerus

Heft 2: SACERDOTII NOSTRI PRIMORDIA
Enzyklika des sel. Papstes Johannes XXIII. zum 100. Todestag des hl. Johannes Maria Vianney

Heft 3: SACRA VIRGINITAS
Enzyklika von Papst Pius XII. über die Jungfräulichkeit

Introibo.net

Eine hilfreiche Zusammenstellung von Materialien und Terminen rund um die Außerordentliche Liturgie findet sich unter www.introibo.net